77

BUDDHISTISCHE
GESCHICHTEN
DIE DEINE
DENKWEISE
VERÄNDERN
WERDEN

SHIVA SINGH

ISBN Taschenbuch: 978-3-98591-004-5
Mandelun GmbH
Hindenburgstraße 26
Erlangen, 91054

Verkauf und Druck: Amazon Media EU S.á.r.l., 5 Rue Plaetis, L-2338, Luxembourg

Bibliografische Information der Deutschen Nationalbibliothek: Die Deutsche Nationalbibliothek verzeichnet diese Publikation in der Deutschen Nationalbibliografie; detaillierte bibliografische Daten sind im Internet über https://dnb.de abrufbar.

Widmung:

Für die eine Person, die immer bei mir ist, die mich versteht und mir in meinen Schwierigsten Zeiten beiseite gestanden hat.

INHALTS-VERZEICHNIS

I

DIE
glücklichen
FISCHE

Chuang Tzu und sein Freund gingen am Ufer eines Flusses entlang, als sie innehielten, um für einen Moment das Wasser zu betrachten.

„Schau dir die Fische an, wie glücklich sie sind!", bemerkte Chuang Tzu.

„Woher willst du das wissen?", entgegnete sein Freund. „Du bist kein Fisch und weißt nicht, was Glück für sie bedeutet."

„Und du bist nicht ich!", sagt Chuang Tzu. „Wie kannst du also behaupten, dass ich nicht weiß, ob die Fische glücklich sind."

„Schau dir die Fische an, wie glücklich sie sind!"

2

DER TUNNEL

Zenkai, der Sohn eines Samurais, reiste einst nach Edo, um dort Statthalter eines hohen Beamten zu werden. Es geschah, dass er sich in die Ehefrau des hohen Beamten verliebte und die beiden schließlich entdeckt wurden. Beim Versuch, sich zu verteidigen, tötete er den hohen Beamten und entfloh mit der Witwe.

Auf der Flucht wurden sie zu Dieben, aber die dabei wachsende Gier, die er bei der Frau beobachtete, widerte ihn zusehends an. Als er sie endlich verließ, mache er sich auf eine lange Wanderschaft zu der Provinz Buzen, um dort ein Bettelmönch zu werden.

Um für die Missetaten seiner Vergangenheit zu büßen, beschloss Zenkai nun Gutes in seinem Leben zu vollbringen. Er wusste von einer gefährlichen Straße an einer steilen Schlucht, an der schon viele bei Unfällen schwer verletzt wurden oder tödlich verunglückt waren, und so entschied er dort einen Tunnel in den Felsen zu schlagen. So vergingen Jahre, während er tagsüber bettelte und nachts unermüdlich an dem Tunnel arbeitete.

Nach 30 Jahren war der Tunnel bereits 700 Meter lang, 6 Meter hoch und 9 Meter breit. 2 Jahre vor der Fertigstellung des Tunnels fand ihn schließlich der Sohn des hohen Beamten, den er vor so vielen Jahren getötet hatte. Der Sohn war ein großer Schwertmeister und hatte Zenkai all die Jahre gesucht, um für den Tod seines Vaters Vergeltung zu üben.

„Gerne gebe ich dir mein Leben", sagte Zenkai. „Lass mich nur mein Werk beenden. An dem Tag, an dem der Tunnel fertig ist, sollst du deine Rache haben."

So wartete der Sohn des hohen Beamten auf diesen einen Tag. Monate gingen ins Land und noch immer grub Zenkai an dem Tunnel. Das Nichtstun und Warten machte dem großen Schwertmeister zu schaffen und so begann er eines Tages Zenkai beim Graben zu helfen. Nachdem er bereits ein Jahr bei der Arbeit geholfen hatte, begann er Zenkais starken Willen und sein Wesen zu bewundern. Letztlich wurde der Tunnel doch fertiggestellt und die Menschen konnten nun sicher reisen.

„Meine Aufgabe ist vollbracht", sagte Zenkai. „So nehme nun mein Leben."

„Wie könnte ich das Schwert gegen meinen eigenen Lehrmeister führen?", entgegnete der junge Mann mit Tränen in den Augen.

„Wie könnte ich das Schwert gegen meinen eigenen Lehrmeister führen?"

3

DIE
betrügerischen
MENSCHEN

Einmal ist jemand in einen neuen Ort gezogen. Er fragte sich, ob ihm seine neue Heimat wohl gefallen würde, und so ging er zum Zen-Meister des Ortes, um ihn um Rat zu fragen: „Denkst du, dass ich diesen neuen Ort mögen werde? Sind die Menschen hier freundlich?"

„Wie waren die Menschen an dem Ort, von dem du kommst", fragte ihn der Zen-Meister.

„Sie waren böse, wütend und gierig. Sie betrogen und stahlen, wann immer sie konnten", antwortete der Zugezogene.

„Genau so sind auch die Menschen, die du an diesem Ort vorfinden wirst", sprach der Zen-Meister.

Ein anderer Neuankömmling des Ortes suchte den Zen-Meister ebenso auf, um ihm die gleiche Frage zu stellen, und wieder fragte der Meister ihn: „Wie waren die Menschen an dem Ort, von dem du kommst?"

„Es waren respektvolle und fürsorgliche Menschen, die in Harmonie miteinander gelebt haben", antwortete der Neuankömmling.

„Genau so sind auch die Menschen, die du an diesem Ort finden wirst", sagte der Zen-Meister.

4

DAS GLÜCK
eines reichen
MANNES

Ein reicher Mann fragte einst einen Zen-Meister, ob er für seine Familie etwas niederschreiben könne, das ihren Wohlstand in der Zukunft mehren würde. Es sollte etwas sein, dem sich all die Generationen seiner Familie immer wieder voller Glück zuwenden könnten. Der Zen-Meister nahm ein großes Papier zur Hand und schrieb: „Vater stirbt, Sohn stirbt, Enkel stirbt."

Der reiche Mann wurde wütend, als er sah, was der Meister geschrieben hatte.

„Ich forderte von dir etwas, das meiner Familie Glück und Wohlstand bedeuten würde. Wie wagst du es etwas so Schreckliches aufzuschreiben?"

„Wenn dein Sohn vor dir sterben sollte", entgegnete der Zen-Meister, „würde dies unerträglichen Kummer über deine Familie bringen. Wenn dein

Enkel vor deinem Sohn sterben würde, würde dies ebenso großen Kummer über deine Familie bringen. Wenn jedoch deine Familie Generation für Generation in jener Reihenfolge erlischt, die ich niedergeschrieben habe, ist dies der natürliche Lauf der Dinge. Dies ist wahres Glück und wahrer Wohlstand."

5

DER
verlorene
DIEB

Die Meditationslehre des großen Meisters Bankeis zog Studenten aus ganz Japan an. Während eines der Seminare wurde ein Student beim Stehlen erwischt und Bankei wurde von dem Vorfall berichtet. Er entschied jedoch ihm keine Beachtung zu schenken. Ein paar Tage später geschah es erneut, dass derselbe Student beim Stehlen erwischt wurde. Der große Meister wurde informiert, ignorierte das Geschehen jedoch erneut. Dies sorgte für Aufruhr und Wut unter den anderen Studenten und sie kamen mit einer Petition zu Bankei, um die Entlassung des Studenten aus dem Kurs zu fordern. Falls Bankei dem nicht nachkommen werden sollte, würden sie allesamt den Kurs verlassen.

Bankei las die Forderungen der Petition durch und rief sie alle zu sich, um zu ihnen zu sprechen.

„Meine Brüder, ihr seid allesamt weise, wisst ihr doch den Unterschied zwischen richtig und falsch. Ihr alle möget gehen, um eurer Lehre anderswo nachzugehen. Dieser arme Bruder jedoch weiß nicht, was richtig und falsch ist. Wenn ich es ihm nicht beibringe, wer dann? Deshalb habe ich entschieden ihn nicht zu verweisen, auch wenn alle von euch gehen!"

Tränen liefen die Wangen des irrenden Studenten herab. Er spürte kein Verlangen mehr zu stehlen.

6

DER
alte
BOGENSCHÜTZE

Ein ausgezeichneter, doch eingebildeter junger Bogenschütze machte sich einst auf, um einen Zen-Meister herauszufordern, der für sein Geschick im Bogenschießen berühmt war. Die Treffsicherheit des jungen Herausforderers war außergewöhnlich. Sein erster Pfeil landete ohne Mühe genau in der Mitte der Zielscheibe und mit dem zweiten Pfeil spaltete er den ersten in zwei.

„Denkst du, dass du mithalten kannst?", fragte er den Alten mit herablassendem Ton.

Anstatt zu antworteten, machte der Alte eine Geste, dass er ihm höher in die Berge folgen solle. Nach einigen Stunden der Wanderschaft kamen sie an eine tiefe Schlucht. Ein alter, schwankender Baumstamm überspannte die Schlucht von einer zur anderen Seite. Gleichmütig ging der Meister zur Mitte des Stammes, zielte auf einen weit entfernten Baum und schoss einen Pfeil, der genau in den Stamm des Baumes traf.

„Jetzt bist du an der Reihe", sagte er ruhig, während er mit sicheren Schritten zurück zur Felskante ging.

Der Junge starrte in die klaffende Tiefe unter ihm und zitterte am ganzen Körper. Er war nicht in der Lage auch nur einen Fuß auf den Stamm zu setzen, geschweige denn ein weit entferntes Ziel zu treffen.

Der Meister betrachtete ihn und sagte: „Du hast große Kontrolle über deinen Bogen, aber nur wenig über den Geist, der den Pfeil entlässt."

7

PERFEKTION
des
LEBENS

Eines Tages kam die Kunde, dass wichtige Gäste das Kloster besuchen würden. Sofort begann der Priester sich dem Garten zuzuwenden. Er jätete Unkraut, schnitt die Bäume und Sträucher und kämmte sogar das Moos. Es war Herbst und so war der Boden unordentlich und voller trockener Blätter, die der Priester sorgfältig zu ordentlichen Haufen zusammenkehrte.

All dies geschah, während ein alter Mönch ihm von der anderen Seite des Gartens zusah. Der Priester beendete seine Herzensangelegenheit und lächelte zufrieden. „Wie schön es nun ist, oder?", fragte er, während er sich zum Mönch wandte.

„Das ist es", antwortete der Mönch, „aber eine Sache ist noch nicht in Ordnung. Hilf mir über die

Mauer zu kommen und ich will es für dich erledigen."

Verdutzt gehorchte der Priester. Langsam ging der alte Mönch zu einem Baum, der in der Mitte des Hofes stand, packte seinen Stamm und schüttelte ihn kräftig, so dass orangene und rostbraune Blätter hinabwirbelten. „So ist es besser! Kannst du mir zurück über die Mauer helfen?"

8

ZEHN JAHRE AUSBILDUNG

Nach zehn Jahren der Ausbildung erlangte ein Mönch den Rang eines Zen-Lehrers. Eines regnerischen Tages nach seinem Aufstieg machte er sich auf den Weg, um seinen alten Zen-Meister zu besuchen.

Als er das Haus betrat, begrüßte der Alte ihn mit einer Frage: „Hast du deine Sandalen und deinen Regenschirm auf der Veranda gelassen?"

„Ja", antwortete der Lehrer.

„Nun sage mir", fuhr der Meister fort, „hast du deinen Regenschirm links oder rechts deiner Sandalen niedergelegt?"

Dem Lehrer wurde bewusst, dass er die Antwort nicht wusste und dass er trotz seines neuen Ranges noch keine gänzliche Achtsamkeit erlangt hat. So blieb er und lernte für weitere zehn Jahre von dem Meister.

„Hast du deinen Regenschirm links oder rechts deiner Sandalen niedergelegt?"

9

DIE WAHRE NATUR
aller Phänomene
IST DIE LEERE

Ein junger Student des Zens namens Yamaoka Tesshu besuchte einen Meister nach dem anderen. Eines Tages wurde er bei Dokuon von Shokoku vorstellig.

Erpicht darauf, die Verinnerlichung der Lehre zu zeigen, sagte er: „Der Geist, Buddha, die empfindsamen Wesen, dies alles existiert letzten Endes nicht. Die wahre Natur aller Phänomene ist Leere. Es gibt keine Erleuchtung, keine Täuschung, keine Mittelmäßigkeit. Es gibt kein Geben, wie auch nichts erhalten werden kann."

Dokuon rauchte weiter ruhig seine lange Bambuspfeife und sagte nichts.

Plötzlich schlug er Yamaoka mit eben dieser Pfeife. Der Student sprang auf, schäumend vor Wut.

„Wenn nichts existiert", erkundigte sich Dokuon, „woher kam dann dein Zorn?"

DAS WAHRE WESEN
des alten
MANNES

Ein alter Mann, der am Fluss meditierte, öffnete seine Augen und sah, wie ein Skorpion hilflos im Wasser trieb. Das Spiel der Wellen und Wirbel trieb den Skorpion schließlich in die Nähe eines Baumes, · der am Ufer wuchs. Der Alte hielt sich an einer der Wurzeln fest, die weit in den Fluss hineinwuchsen, und streckte seine Hand aus, um dem Geschöpf zu helfen. Just in dem Moment, als seine Finger den Skorpion berührten, stach dieser zu.

Aus einem Instinkt heraus zog der Alte seine Hand zurück. Einen Moment später jedoch fand er sein Gleichgewicht wieder und streckte sich erneut, um den Skorpion zu retten. Dieses Mal stach ihn der Skorpion noch stärker. So lag der Alte dort in größter Qual, mit einer blutenden und geschwollenen Hand.

Ein Reisender, der des Weges kam, beobachtete das ganze Geschehen. „Was ist verkehrt mit dir? Nur ein Narr oder ein Verrückter würde sein Leben riskieren, um diese teuflische, böse Kreatur zu retten. Verstehst du denn nicht, dass du bei dem Versuch hättest sterben können?"

Der Alte lag noch immer da, wandte sein Gesicht dem Reisenden zu und blickte ihn ruhig an: „Mein lieber Bruder, es ist die Natur des Skorpions zu stechen. Das heißt aber nicht, dass ich meine Natur zu retten verändern kann."

So verhielten sich beide ihrer Natur entsprechend.

II

DIE
drei
MÖNCHE

Drei Mönche saßen an einem See in tiefer Versenkung.

Einer stand sodann auf und sagte: „Ich habe meine Matte vergessen." Er trat auf das Wasser des Sees und gelangte so Schritt für Schritt zur anderen Seite, wo ihre kleine Hütte stand.

Als er zurückkam, bemerkte der zweite Mönch: „Mir ist gerade aufgefallen, dass ich meine nasse Wäsche nicht aufgehangen habe." So ging auch er ruhigen Schrittes über den See zum anderen Ufer und kam nach einiger Zeit den gleichen Weg zurück.

Der dritte Mönch beobachtete sie währenddessen unverwandt. Schließlich glaubte er zu wissen, dass es sich um eine Prüfung seiner eigenen Fähigkeiten handelte, und er verlautbarte: „Ihr denkt also, dass eure Fähigkeiten meinen überlegen wären? Schaut her!" Dann ging er selbstsicheren Schrittes zum Rande des Sees, setzte einen Schritt weit ins Wasser hinaus und sank bis zur Hüfte in das Gewässer.

Davon unbeeindruckt, watete er hinaus und versuchte es erneut und immer wieder, ohne dass sich ein Fortschritt andeutete. Nachdem die beiden anderen Mönche dem Schauspiel für einige Zeit in Stille zugeschaut hatten, fragte der eine den anderen: „Denkst du, wir sollten ihm sagen, wo die Trittsteine sind?"

12

DAS
unüberwindbare
PROBLEM

Zen-Meister Ryokan ging entlang des Strandes, der erst vor Kurzem von einem Sturm überspült worden war. Hunderte von Seesternen, von der Flut ans Land gespült, begannen langsam im hellen Sonnenlicht zu verenden.

Ryokan sammelte einen Seestern nach dem nächsten auf und warf ihn zurück ins Meer.

Ein Fischer, der Ryokan bei seiner Arbeit betrachtet hatte, kam auf ihn zu und fragte: „Warum tust du dir das an? Dies passiert, wann immer ein Sturm auf die Küste trifft. Du kannst sie nicht alle retten, was macht dein Versuch also letztlich für einen Unterschied?"

„Für diesen hier macht es einen Unterschied", entgegnete der Zen-Meister, als er einen weiteren Seestern zurück ins rettende Nass schleuderte.

13

KOSTE
den (letzten)
MOMENT AUS!

Ein Mann ging über ein Feld, als er aus dem Augenwinkel einen Tiger erblickte. Von Todesangst erfüllt rannte er davon, doch der Tiger nahm die Jagd auf. Der Mann erreichte schließlich eine steile Klippe und als er schon dachte, dass der Tiger ihn nun fressen würde, entdeckte er eine Ranke, die an der Klippe hinunterwuchs. Er fasste sie mit beiden Händen und schwang sich in Sicherheit.

Der Tiger, nun über ihm, knurrte und pirschte entlang der Klippe hin und her. Während der Mann in dieser unsicheren Situation verharrte, entdeckte er einen anderen Tiger, der einige Meter unter ihm am Fuße der Klippe knurrte und heraufstarrte. Zitternd umfasste er die Ranke noch fester, die allein verhinderte, dass er das Abendessen der Tiger wurde. Er fragte sich, ob es etwas Schlimmeres geben könnte.

Da entdeckte er über sich zwei Mäuse, die aus seiner Felsspalte hervorkamen und begannen an der Ranke zu nagen. Während sie nagten und der Mann sein Leben an sich vorbeiziehen sah, entdeckte er eine riesige, saftige Erdbeere, die auf einem kleinen Felsvorsprung neben ihm wuchs. Mit der einen Hand hielt er sich an der Ranke fest, während er mit der anderen die reife, prächtige Frucht pflückte. Ach, wie süß sie war!

14

FLUSS
des
LEBENS

Vor langer Zeit lebte ein berühmter Ringkämpfer, dessen Name „Große Woge" bedeutete. Er war außergewöhnlich stark und beherrschte die Kunst des Ringens. In Übungskämpfen obsiegte er sogar gegen seine Lehrer, während er bei offiziellen Wettkämpfen so unsicher und schüchtern war, dass auch seine Schüler ihn zu Boden warfen.

Davon bekümmert, beschloss er einen Zen-Tempel zu besuchen, um dort nach Rat zu fragen. Ein weiser Lehrer, der dort lebte, gab ihm folgenden Rat:

„Dein Name ist ‚Große Woge'", sagte der Lehrer. „Verbringe also die Nacht in unserem Tempel und versuche dir vorzustellen, dass du Wasser bist. Nicht mehr länger bist du der Ringkämpfer, der vor Angst zittert. Du bist jene ‚Große Woge', die alles bis zum Horizont überspült. Folge meinem Rat und du wirst nie wieder unterliegen."

Der Lehrer ging daraufhin und ließ den Kämpfer allein zurück. Dieser saß still und versuchte sich als Wasser vorzustellen. Immer wieder begann sein Geist von seiner Aufgabe abzuschweifen, aber schon bald gelang es ihm ein immer stärkeres Gefühl für das Wasser zu entwickeln. Während die Nacht voranschritt, hoben sich diese Wellen immer höher und mächtiger hinaus. Sie überspülten die Blumen des Tempels und erhoben sich kurz darauf über die Statuen des Innenhofes. Bevor der Morgen graute, war dort nichts mehr als das endlose Spiel der Gezeiten.

An jenem Morgen kam der Lehrer zum Tempel und fand den Ringkämpfer mit einem sanften Lächeln auf dem Gesicht in tiefer Meditation versunken.

Er berührte eine Schulter des Mannes und sagte: „Nun wird dich keine Unsicherheit mehr plagen. Du bist diese Urkraft und du wirst über alles hinwegwalzen, was vor dir liegt."

Noch am selben Tag nahm der Kämpfer an einem namhaften Turnier teil, gewann es und wurde seitdem nie wieder bezwungen.

„Dein Name ist ‚Große Woge“

15

HIMMEL
und
HÖLLE

„Ich will Wissen über Himmel und Hölle erlangen", sagte ein Samurai. „Existieren sie wirklich?", fragte er Hakuin.

Hakuin starrte den Soldaten an und fragte: „Wer bist du?"

„Ich bin ein Samurai", verkündete der stolze Krieger.

„Pah!", entfuhr es Hakuin. „Wie kommst du darauf, dass du solch hohe Fragen verstehen könntest? Du bist nichts weiter als ein gefühlloser, grobschlächtiger Soldat. Zieh von dannen und verschwende nicht meine wertvolle Zeit mit deinem leeren Geschwätz!", rief Hakuin aus, während er mit der Hand eine Geste machte, als ob er ein lästiges Insekt vertreiben würde.

Zorn entflammte im Herz des Kriegers. Er konnte die Beleidigungen des Alten nicht auf sich beruhen lassen und zog das Schwert, bereit seine Ehre wiederherzustellen, als Hakuin plötzlich mit sanfter Stimme erwiderte: „Dies ist Hölle."

Zunächst befremdet, wich der harte Gesichtsausdruck des Samurais. Er empfand tiefe Demut gegenüber der Weisheit Hakuins, steckte das Schwert zurück in die Scheide und kniete vor dem Zen-Meister.

„Und dies ist Himmel", sagte Hakuin ebenso ruhig.

DIE
Jagd
AUF WISSEN

Ein Student der Kampfkunst kam mit einem Anliegen zu seinem Lehrer: „Ich wünsche meine Fähigkeiten in der Kunst des Kampfes zu verbessern. Ich denke, dass ich neben meinem Unterricht bei dir, meinem Meister, auch noch mit einem weiteren Lehrer üben sollte, um einen weiteren Kampfstil zu lernen. Denkst du, dass dies eine gute Idee ist?"

Der Meister antwortete: „Ein Jäger, der versucht zwei Hasen gleichzeitig zu fangen, wird am Ende keinen erwischen."

„Ein Jäger, der versucht zwei Hasen gleichzeitig zu fangen, wird am Ende keinen erwischen."

17

DER
Wandel
DER DINGE

Ein junger Student des Zen war auf dem Weg zum Markt, um Gemüse für sein Kloster zu kaufen. Auf dem Weg begegnete er einem Studenten eines anderen Klosters der Umgebung, den er vom Sehen kannte.

„Wohin gehst du?", fragte er den anderen Studenten.

„Wohin meine Beine mich führen", entgegnete der Adept unbekümmert.

Unser Student brütete über die Antwort, die er bekommen hatte. Sicherlich hatte es eine tiefere Bewandtnis mit dieser Aussage. Zurück im Kloster erzählte er seinem Meister von dem Treffen, der ihm daraufhin riet: „Du hättest ihn fragen sollen, was er tun würde, wenn er keine Beine hätte."

Am nächsten Tag begegnete der Student dem anderen jungen Mann erneut. „Wohin gehst du?", fragte er ihn und ergänzte dann ohne eine Antwort abzuwarten „Oh, ich weiß. Wohin deine Beine dich führen, nehme ich an."

„Nein!", kam die unerwartete Antwort. „Heute folge ich dem Wind." Diese Antwort brachte den Studenten wieder aus dem Konzept. Zurück im Kloster berichtete er seinem Meister von dem Vorfall.

„Du hättest ihn fragen sollen, was er tun würde, wenn kein Wind wehen würde", riet der alte Meister.

Wie es der Zufall wollte, geschah es, dass der Student dem anderen am folgenden Tag erneut in der Nähe des Marktes begegnete.

„Sag mir, was du heute vorhast! Ich nehme an du gehst, wohin deine Beine dich tragen oder wohin der Wind weht. Aber was, wenn …"

„Nichts von dem", entgegnete der junge Mann mit einem schelmischen Grinsen. „Heute bin ich hier, um Gemüse zu kaufen."

DER SINN
eines
WASSERTROPFENS

Ein Zen-Meister beauftragte einen jungen Studenten ihm einen Eimer Wasser zu bringen, um sein Bad abzukühlen.

Der Student brachte den Eimer und als er das Badewasser genügend abgekühlt hatte, schütterte er den Rest über dem Boden aus.

„Gib acht", sagte der Meister zum Studenten. „Mit den Tropfen, die du vergossen hast, hättest du die Pflanzen unseres Tempels gießen können."

In genau diesem Moment erschloss sich dem Studenten das Wesen des Zen. Er änderte seinen Namen zu Tekisui, was „Wassertropfen" bedeutet, und versuchte von nun an mit seinem ganzen Wesen in dem Bestreben zu leben, selbst ein weiser Zen-Meister zu werden.

„Mit den Tropfen, die du vergossen hast, hättest
du die Pflanzen unseres Tempels gießen können."

DAS
Wesen
DES ZEN

Als Bankei eines Tages an dem Ryumon-Tempel predigte, erwuchs in einem Shinshu-Priester, der an die alleinige Errettung durch die Wiederholung des Namens des Buddhas der Liebe glaubte, große Neid und Missgunst auf die gebannte Zuhörerschaft Bankeis und er versuchte deshalb mit diesem zu debattieren.

Da der Priester hierzu einen solchen Lärm verursachte, hielt Bankei in seinem Vortrag inne und erfragte den Grund der Störung.

„Der Gründer unserer Sekte", prahlte der Priester, „hatte die wundersame Kraft, dass er mit einem Pinsel auf der einen Seite eines Flusses stehen konnte, während sein Diener auf der anderen Uferseite ein Blatt in die Höhe hielt und der Lehrer –

den Fluss überwindend – den heiligen Namen des Amitabha auf das Blatt niederschrieb. Vermagst du so etwas zu vollbringen?"

Bankei antwortete leichthin: „Dein Täuscher mag in der Lage sein, einen solchen Trick zu vollführen, aber dies entspricht nicht dem Wesen des Zen. Meine Gabe ist, dass ich esse, wenn ich hungrig bin, und trinke, wenn ich durstig bin."

20

SAG JA
zum
LEBEN!

Ein Mann zog sich in ein Kloster zurück, um in Stille zu meditieren. Danach fühlte er sich besser, ruhiger und stärker, aber trotzdem schien etwas zu fehlen. Der Lehrer riet, dass er einen der Mönche sprechen könne, bevor er gehe.

Der Mann dachte eine Weile lang nach, bevor er eine einzige Frage an einen Mönch richtete: „Wie findest du Frieden?"

Der Mönch antwortete: „Ich sage Ja. Zu allem, was mir widerfährt, sage ich Ja."

Als der Mann danach heimkehrte, war er erleuchtet.

„*Ich sage Ja. Zu allem, was mir widerfährt, sage ich Ja.*"

21

DER
unglückliche
STEINMETZ

Einst lebte ein Steinmetz, der sein Leben als
bedeutungslos und unwichtig erachtete und deshalb
unglücklich war. Als er eines Tages an dem Haus
eines reichen Kaufmanns vorbeikam, war er von
dessen Größe und dem stetigen Strom ein- und aus-
gehender Besucher eingeschüchtert, empfand aber
auch Ehrfurcht.

„Er muss ein mächtiger Mann sein", dachte er,
„wie sehr wünsche ich mir wie dieser zu sein."

Wundersamerweise fand er sich, kaum dass er den
Wunsch ausgesprochen hatte, zu eben diesem Kaufmann verwandelt wieder. Auch wenn er nunmehr
von einem unvorstellbaren Reichtum umgeben war,
sah er sich selbst gleichzeitig auch als Objekt des
Hasses und Zielscheibe des Neids all jener, die

weniger privilegiert waren als er. Während er dies empfand, kam ein wichtiger Beamter des Weges, der von seiner Dienerschaft in einer Sänfte sitzend in einer großen Prozession getragen wurde.

„Oh, wie mächtig muss dieser Mann sein, ich wünschte ich könnte er sein."

Auch dieser Wunsch wurde ihm erfüllt und er fand sich über all den Köpfen der Menschen als jener Beamter wieder, der von seiner Dienerschaft getragen wurde. Die Menge um ihn herum beobachtete ihn, wie er vorbeizog, und in den Gesichtern konnte er plötzlich Furcht und Hass erkennen. Der prunkvoll verzierte Stuhl, auf dem er saß, fühlte sich in der Hitze der Sonne auf einmal unangenehm und klebrig an. Während er in den Himmel schaute, dachte er bei sich:

„Wie mächtig die Sonne scheint, ich wünschte …"
Gleich nachdem der Gedanke aufgekommen war, wurde er zur Sonne, die – wie von ihm angenommen – mächtig und brennend vom Himmel schien, aber genau deswegen von Bauern und Landvolk verflucht wurde.

Alsdann schwebte eine riesige, dunkle Wolke vorbei, die die Sonne verdeckte. Es geschah das zu Erwartende. Er wurde die Wolke, dunkel und schwer vom Regen, der Überschwemmungen und dadurch Leid über das Land brachte. Kurz darauf fühlte er eine Urkraft, die ihn fortschob und der er sich nicht zu widersetzen vermochte. Das war der Wind und oh wie mächtig war dieser. Sobald er es wünschte, wurde er zum böigen Wind, der Zerstörung brachte, Dächer abriss, Bäume entwurzelte und Angst und Schrecken wie Staub und Blätter durchs Land trug.

Einige Zeit später traf er auf etwas, das sich seiner Macht widersetzte und sich nicht fortreißen ließ, ganz gleich, wie stark er dagegen wehte. Es war ein riesiger Felsen.

„Oh, wie wäre es wohl, dieser Felsen …" Und so wurde er dieser Fels: hart, schwer und unverwundbar.

Nach einiger Zeit vernahm er den Klang von Hammer und Meißel. Er spürte, dass seine Form sich veränderte, aber wie war dies möglich? Wer wagte es, seine Macht herauszufordern? Er sah an sich hinunter und entdeckte dort eine kleine Gestalt, einen Steinmetz …

Er sah an sich hinunter und entdeckte dort eine

kleine Gestalt, einen Steinmetz

22

DAS
Urteil
DER STILLEN

Lange bevor Zen nach Japan gelangte, praktizierten vier enge Freunde als Schüler Meditation.

Sie schworen einander, dass sie für sieben Tage in edler Stille meditieren wollten.

Der erste Tag verging im Schweigen, aber als die Abenddämmerung voranschritt und die Öllampen zu flackern begannen, entfuhr einem Schüler gegenüber einem Diener der ungeduldige Befehl: „Kümmere dich um die Lampen!"

Sein Freund drehte sich deshalb überrascht zu ihm um.

„Du wolltest doch nicht sprechen. Hast du das vergessen?"

Der dritte Freund wandte sich nunmehr den beiden anderen zu: „Ihr Narren! Warum sprecht ihr beide?"

„Ha! Ich bin der Einzige, der die Stille bewahrt!",
entfuhr es dem vierten.

23

WUT IST
mein
BEGLEITER

Ein Adept des Zen kam zu seinem Lehrer. „Meister, ich habe ein unkontrollierbares Temperament. Kannst du mir helfen es zu überwinden?"

„Hm, das ist merkwürdig. Kannst du es mir zeigen?", fragte der Meister.

„Im Moment nicht."

„Warum nicht?"

„Es taucht plötzlich und unkontrolliert auf."

„Dann kann es nicht Teil deiner wahren Natur sein", sagte der Meister. „Wenn es der Fall wäre, dann hättest du keine Schwierigkeiten es mir jetzt zu zeigen. Warum erlaubst du etwas, was nicht Teil deiner selbst ist, dich mit Sorge zu erfüllen?"

So erinnerte sich der Adept immer dann an die Worte des Meisters, wenn sein Temperament ungezügelt wurde.

Schon bald lernte er die Wogen der Wut zu kontrollieren und entwickelte ein ruhiges Gemüt.

24

VISITENKARTE

In der Stadt Kyoto lebte einst ein großer Zen-Meister namens Keichu. Er war der Vorsteher des großen Tempels der Stadt. Keichu hatte die Gerichtsbarkeit inne und wurde von allen Menschen der Stadt aufgrund seiner scharfsinnigen Wahrnehmungsgabe, Weitsicht und seines ausgeprägten Gerechtigkeitssinnes respektiert und geschätzt.

Als der Beamte Kitagaki Gouverneur Kyotos wurde, entschied er sich Keichu einen Besuch abzustatten, um sich vorzustellen und ihm Respekt zu zollen, denn die Kunde von diesem außergewöhnlichen Mann hatte Kitagaki auch in der Ferne vernommen. Im Tempel angekommen, reichte er seine Visitenkarte einem Bediensteten und fragte nach einer Audienz bei dem Zen-Meister. Der Bedienstete bat Kitagaki sich einen Moment zu gedulden und ging sogleich nach drinnen, um Keichu die Karte zu überreichen.

„Meister, dort ist jemand, der um eine Audienz bittet", verkündete der Dienstbeflissene.

„Wer ist es?", fragte Keichu.

Man gab ihm die Karte des Gouverneurs, auf der geschrieben stand:

Kitagaki, Gouverneur von Kyoto

„Ich habe mit diesem Mann nichts zu tun!", entgegnete der Meister ungestüm, als er die Karte voller Ekel fallen ließ.

„Sage ihm, dass er sofort gehen soll!", entfuhr es Keichu in schroffem Ton, als er sich dem Diener zuwandte.

Dieser nahm die Visitenkarte wieder auf und ging sogleich in die Halle, in der Kitagaki auf seine Audienz wartete.

„Der Meister wünscht euch nicht zu sehen", erstattete er dem Gouverneur Auskunft, als er ihm reuevoll seine Karte zurückgab.

Der Herrscher war bestürzt. Er nahm seine Karte und machte sich auf, um zu gehen, als er in einem klaren Moment die Wörter auf der Karte betrachtete. Nun verstand er seine Torheit plötzlich gänzlich, nahm einen Stift zur Hand und strich etwas auf der Karte durch.

„Dies war mein Fehler", sagte er dem sich bereits entfernenden Diener und gab ihm die Karte erneut. „Hättest du die Freundlichkeit deinem Meister mein Anliegen ein weiteres Mal vorzutragen?"

Der Diener kehrte zu Keichus Gemächern zurück und gab ihm die Karte, auf der nun schlicht „Kitagaki" stand, denn der hohe Beamte hatte die Wörter „Gouverneur von Kyoto" durchgestrichen.

Keichus Augen leuchteten vor Freude auf, als er die Karte las.

„Oh, Kitagaki ist hier? Ja, ich würde ihn sehr gerne sehen. Bitte schicke ihn zu mir", sagte er dem Diener.

Und so bekam Kitagaki seine Audienz beim Zen-Meister Keichu.

„Ich habe mit diesem Mann nichts zu tun!"

25

DIE
andere Seite
DES FLUSSES

Ein junger Mönch war auf der langen Reise von einem Kloster in sein Heimatdorf, als sein Weg plötzlich an einem breiten, reißenden Fluss endete. Er ging das Ufer ab, auf der Suche nach einer Brücke oder einem Fährmann, konnte aber nirgends eine Möglichkeit entdecken, den Fluss zu überqueren. So stand er dort und grübelte lange, wie er ans andere Ufer gelangen könnte, aber es wollte ihm keine Lösung einfallen. Als er schließlich aufgab und den Rückweg antreten wollte, entdeckte er einen alten Zen-Meister, der drüben auf der anderen Seite des Flusses stand.

Mit lauter Stimme rief er: „Oh Meister, ich bin hier gestrandet. Kannst du mir sagen, wie ich zum anderen Ufer gelange?"

Der ergraute Meister dachte für einige Augenblicke nach, sein Blick wanderte den Fluss hoch und runter. Dann rief er zurück: „Mein lieber Freund, du bist auf der anderen Seite!"

26

DER
Fluss
DES LEBENS

Seit einigen Jahren war ein junger Schüler nun schon bei einem Meister, um in der Kampfkunst Perfektion zu erlangen und sein Wesen im Sinne des Zen zu formen.

Der Lehrer war bei den Übungsstunden stets ein aufmerksamer Zuschauer und bemerkte eines Tages, dass der Körper und der Geist des Schülers nicht eins waren. Die Gegenwart der anderen Schüler schien den jungen Mann davon abzuhalten, seine Übungen korrekt und nach besten Möglichkeiten auszuführen.

Der Alte konnte die Frustration seines Schülers über seinen Stillstand spüren und so ging er zu ihm, klopfte ihm mitfühlend auf die Schulter und erkundigte sich: „Was ist das Problem?"

„Ich weiß es nicht", antwortete der Schüler nieder-
geschlagen. „Egal, wie sehr ich mich bemühe, es will
mir einfach nicht gelingen die Übungen korrekt auszuführen."

„Bevor du die Technik meistern kannst, musst du
das Wesen von Harmonie verstehen. Komm mit
mir und ich will es dir erklären", antwortete der
Lehrer.

Zusammen verließen sie die Schule, wanderten für
einige Zeit in einen Wald, bis sie in dessen Mitte auf
einen kleinen Bach trafen. So standen die beiden
dort und beobachteten den Bach für einige Minuten
in Stille, bis der Alte das Schweigen brach.

„Schau dir den Fluss des Wassers an", sagte er.
„Dort sind Steine in seinem Weg. Fließt das Wasser
voller Frustration und Wut auf die Steine zu und
versucht sie zu zerschlagen? Das Wasser fließt über
sie, um sie herum und führt seinen Weg unbeirrt
fort. Sei wie das Wasser und du wirst mit ganzem
Wesen verstehen, was Harmonie ist."

Der junge Mann nahm sich die Lektion seines
Lehrers zu Herzen. Bald schon nahm er die Studenten um sich herum kaum noch wahr und nichts
stand ihm im Weg, während er die Übungen perfekt
ausführte.

27

DER
perfekte
KREIS

Wenn wir uns das Leben wie einen Kreis vorstellen, eine Linie ohne Anfang oder Ende, dann können wir lernen, unseren Fokus vom „endgültigen Ziel" am Ende des Weges hin zu der sanften Krümmung des gegenwärtigen Moments zu lenken.

Eines Tages spielte ein kleiner Junge in der Nähe eines Flusses, als er dort einen alten Mann mit einem langen Bart im Sand sitzen sah. Der Junge kam näher und beobachtete den Alten, wie er einen perfekten Kreis in den Sand zeichnete.

„He Alter, wie schaffst du es solche perfekten Kreise zu zeichnen?", fragte der Junge ihn voller Erstaunen.

Der alte Mann sah den Jungen an und entgegnete: „Ich weiß es nicht. Ich habe es probiert und dann immer wieder probiert. Hier, probiere du es auch."

Der Alte gab dem Jungen seinen Stock, stand auf und ging seines Weges. So begann der Junge nun Kreise in den Sand zu malen. Zuerst waren sie zu langgezogen, die Linienführung war unordentlich oder das Ende schloss manches Mal nicht an den Anfang an. Jedoch versuchte er es stets aufs Neue und eines hellen, schönen Morgens zeichnete er tatsächlich den perfekten Kreis.

In dem Moment, als er den Kreis geschlossen hatte, vernahm er eine Stimme hinter sich: „He, Alter, wie schaffst du es solche perfekten Kreise zu zeichnen?"

28

DER
traurige
KRIEGER

Ein edler Krieger kam zum Zen-Tempel mit der Hoffnung, dort Frieden zu finden. Als er den Meister des Tempels in tiefer, ruhiger, friedenausstrahlender Meditation versunken vorfand, überkam ihn eine tiefe Trauer. Auch wenn er wusste, dass er sein Leben lang tapfer für Gerechtigkeit gekämpft hatte, befürchtete er doch, dass er niemals die Anmut besitzen würde, die der Alte in seiner Einfachheit und Würde zu seinen Füßen verkörperte.

„Warum fühle ich mich so minderwertig?", fragte der Krieger. „Ich weiß, dass ich stets mit Ehre kämpfte, die Schwachen beschützte und es nichts gibt, dessen ich mich schämen müsste. Doch wenn ich dich hier und jetzt beobachte, fühlt es sich an, als ob mein Leben keinerlei Wichtigkeit hätte."

„Warte ein wenig!", sagte der Meister mit der Andeutung eines gütigen Lächelns. „Ich werde zu dir sprechen, nachdem ich mich um die anderen Besucher gekümmert habe."

Der Krieger setzte sich unter einen Baum des Gartens, während Ströme an Besuchern den Tempel betraten und ein jeder von ihnen sich mit einem warmen, zarten Lächeln vom sanftmütigen Zen-Meister abwandte. Seine Beobachtungen ließen die Wellen der Trauer sich über das ganze Wesen des Kriegers ausbreiten und er versank gänzlich in dem schwarzen Ozean.

Als die Nacht dämmerte und der Strom an Besuchern versiegte, fragte der Krieger den Meister mit schwacher, bekümmerter Stimme: „Kannst du mich nun lehren?"

Der Meister nickte und sie gingen zu einem der hinteren Räume des Tempels, in dem der Mond durch ein großes Fenster hineinschien und alles in ein blasses, weißes Licht hüllte.

„Siehst du, wie wunderschön der Mond ist?", fragte der Meister. „Er wird den Himmel abschreiten, aber schließlich Platz für die Sonne machen. Die Sonne ist viel heller und stärker. Sie erleuchtet alles ihr Ergebene – Berge, Wälder und Wolken – in einer Art und Weise, die dem Mond verwehrt bleibt. Trotzdem habe ich niemals jene Klage vom Mond vernommen: ‚Bin ich minderwertig, weil ich nicht wie meine Schwester, die Sonne, scheine‘?“

„Natürlich nicht“, entgegnete der Krieger. „Sonne und Mond sind unterschiedlich und sie beide haben ihre eigene Schönheit. Sie lassen sich nicht miteinander vergleichen.“

„Also weißt du deine Antwort. Wir beide sind unterschiedlich, bestreiten unsere eigenen Kämpfe in einer Art, die unserem Glauben entspricht, und glauben fest daran, dass unsere Kämpfe die Welt zu einem besseren Ort machen können. Das ist es, was zählt. Der Rest ist nur Schein.“

Das ist es, was zählt. Der Rest ist nur Schein.“

29

DER
heilige
ALTE MANN

Die Kunde von einem alten, weisen Mann zog durchs Land, der in einem Haus auf dem Gipfel eines Berges leben sollte. Ein junger Mann aus einem Dorf entschied sich die beschwerliche Reise anzutreten, um den Heiligen zu besuchen.

Als er nach langer, entbehrungsreicher Reise schließlich an dem Haus ankam, öffnete ihm ein alter Diener die Tür und begrüßte den Pilger.

„Unzählige Meilen habe ich zurückgelegt, um hierher zu gelangen. Ich bin hier, um den heiligen Alten zu sehen", sagte der junge Mann.

Der Diener lächelte ihn wissend an und führte ihn in das Innere des Hauses. Während sie das Haus durchschritten, spähte der Pilger in jeden Raum, neugierig und von der Erwartung beseelt, dass in einem von ihnen jener sagenumwobene Weise auf ihn warten würde. Bald schon hatten sie das komplette Haus durchschritten und Diener und Pilger standen erneut vor der Haustür.

„Aber ich wollte doch den Heiligen sehen", machte der junge Mann seiner Verwunderung Luft.

„Das hast du schon", sagte der alte Diener. „Ein jeder, dem du im Leben begegnen wirst, ganz gleich wie gewöhnlich er dir erscheinen mag; erkenne in ihnen allen auch den Weisen, Heiligen, der in ihnen lebt. Wenn dir das gelingt, dann wird sich das Problem, was dich hierhergeführt hat, von alleine lösen."

30

DER
TEEMEISTER

Auf einem Berg lebte einst ein berühmter Tee-
meister. Seine Fähigkeiten waren in seiner Kunst
unübertroffen und viele Neugierige kamen von weit
her, um bei ihm Platz zu nehmen seinen Tee zu trinken.

Eines Tages verbrannte ein ungeduldiger, stürmi-
scher Samurai seine Zunge an dem gerade frisch
aufgebrühten, grünen Tee des Meisters. Hitzköpfig
und voller Wut forderte er den Meister zu einem
Duell.

Als der Krieger sein Schwert zog, wandte sich der
Meister an seinen jungen Gehilfen.

„Mein ganzes Leben habe ich nichts anderes
gemacht, als Tee zuzubereiten. Dieses Duell ist
mein sicherer Tod. Das Teehaus soll von nun an
deins sein, mein Schüler."

Der Student brach in Tränen aus.

„Nein, Meister, nimm mein Schwert. Stelle dich dem Samurai und hebe dieses Schwert so, wie du auch den Teekessel hebst."

Um seinem Schüler die Angst zu nehmen, willigte der Meister ein und ging langsamen Schrittes auf die Wiese vor dem Haus, wo der Samurai sogleich zum Angriff stürmte.

Sich seinem Schicksal hingebend, schloss der Meister der Teezeremonie seine Augen und hob mit einer ruhigen, festen Bewegung sein Schwert. In dieser Bewegung lag die gleiche Anmut, Selbstsicherheit und Kunstfertigkeit, die seine Bewegungen auch während der Teezeremonie ausstrahlten.

Als der Samurai dieses Geschick und diese Ruhe im Angesicht des drohenden Todes sah, brach er in Panik aus und dachte: „Dieser alte Mann muss wahrlich ein großer Schwertkämpfer sein."

So floh der Samurai und kam nie wieder.

31

DER
alte Mann
UND DAS PFERD

Einst lebte in einem Dorf ein alter Mann. Er besaß nicht viel, nur ein Pferd. Dieses Pferd war allerdings von solcher Schönheit, dass es reiche Menschen von überallher und sogar Könige begehrten. Der Mann aber verkaufte sein Pferd nicht, egal wer ihm welche Summe dafür bot.

Eines Tages allerdings bemerkte der Mann, dass sein Pferd nicht mehr im Stall war. Das ganze Dorf erfuhr schnell von dem verschwundenen Pferd und besuchte den Mann, um sein Mitgefühl auszudrücken:

„Oh du Unglücklicher, hattest ein so tolles Pferd und nun hast du weder Pferd noch Geld. Hättest du doch einfach dein Pferd verkauft und dir das Geld genommen. So dumm wie du warst, hast du jetzt nichts."

Als der alte Mann diese Worte hörte, lachte er nur herzlichst und entgegnete ihnen: „Seid doch nicht so unsinnig! Das Einzige, was wir wissen, ist, dass das Pferd aus dem Stall verschwunden ist. Nur die Zukunft wird uns sagen können, was das Verschwinden für eine Folge hat. Zur Zeit können wir das nämlich nicht wissen“.

Der alte Mann fuhr sodann mit seinem Tagwerk fort und lebte sein Leben. Einige Tage später allerdings konnte er sein Pferd wieder im Stall hören. Als er nachschauen ging, sah er, wie sein Pferd mit vielen anderen Pferden aus dem Wald zurückgekehrt war. Nun hatte er nicht nur ein Pferd, sondern eine ganze Herde.

Wieder sprach sich dies schnell im Dorf herum und wieder kamen alle zu dem alten Mann, um ihm zu diesem Ereignis Glück zu wünschen. Sie sagten: „Unfassbar, das Pferd ist mit einer Herde schöner Pferde zurückgekehrt. Nun kann er noch viel mehr Pferde verkaufen und so reicher werden als alle.“

Dem alten Mann gegenüber äußerten sie sich deshalb so: „Ach, das tut uns sehr leid! Wenn wir das doch gewusst hätten. Aber wir sind nun mal nicht in der Lage, in die Zukunft zu sehen. Daher konnten wir mit einem solchen Ausgang nicht rechnen.

Möglicherweise hast du ja die Fähigkeit, in die Zukunft zu sehen." „Seid doch nicht so unsinnig!", äußerte der alte Mann darauf und lachte. „Das Einzige, was ich weiß, ist, dass das Pferd nach einigen Tagen mit weiteren Pferden seiner Art wieder zurückgekehrt ist. Allerdings weiß ich nicht, was morgen passieren wird."

Wenige Tage später entschied sich der Sohn, auf den Pferden zu reiten. Die Pferde, die das Reiten noch nicht gewohnt waren, reagierten jedoch bockig, als der Sohn versuchte sie zu reiten. Dabei fiel der Sohn von einem Pferd und brach sich ein Bein. Seine Verletzung war so schwerwiegend, dass er nicht mehr laufen konnte.

Wieder erfuhr das Dorf von dem Geschehnis und machte sich auf dem Weg zum alten Mann, um ihm sein Mitgefühl und Bedauern zu äußern:

„Du hast von Anfang an Recht behalten. Man weiß nie vorher, was ein Ereignis für einen bedeutet. Die Pferde sind zwar zahlreich bei dir erschienen. Allerdings hast du nun einen Sohn, der vielleicht sein ganzes Leben lang nicht mehr laufen kann. Die Pferde haben dir letztlich also unglaublich viel Unglück ins Leben gebracht. Wären die Pferde doch nie zu dir gekommen."

Der alte Mann erwiderte darauf nur abermals: „Schon wieder seid ihr voreilig. Wir wissen noch nicht, was die Zukunft uns bringt. Das Einzige, was wir derzeit wissen, ist, dass mein Sohn sein Bein gebrochen hat, weil er vom Pferd fiel. Mehr wissen wir nicht und können wir auch nicht wissen."

Einige Zeit später entbrannte ein Krieg, in den ihr Land verwickelt war. Daher wurden alle Männer des Landes und damit auch alle Männer im Dorf von dem Staat als Soldaten benötigt. Der Sohn des alten Mannes allerdings wurde nicht mitgenommen und im Dorf gelassen, weil er durch seine Verletzung nicht mehr fähig war im Krieg mitzukämpfen.

Schnell gingen alle Dorfbewohner zum alten Mann und schimpften: „Alle unsere Söhne wurden mitgenommen und müssen nun im Krieg kämpfen. Du allerdings hast deinen Sohn noch bei dir. Der Feind mag viel stärker sein als wir! Wer weiß, wie viele lebend zurückkommen. Nun stehen wir hier alleine ohne unsere Söhne, die uns im Alter versorgen und pflegen. Du als Einziger hast noch deinen Sohn, der gewiss wieder laufen wird."

Auch hier erwiderte der alte Mann nur: „Nein, so ist es nicht. Wir wissen nur eine Sache, und zwar, dass eure Söhne fort sind und mein Sohn bei mir zuhause ist. Was danach geschieht, das wissen wir nicht."

„Was danach geschieht, das wissen wir nicht."

32

DER FISCHER
und der
INVESTMENTBANKER

Ein Fischer saß am Strand, während er Fische angelte. Es war noch sehr früh am Tag und ihm war es bereits gelungen, mehrere Fische zu fangen, und weil er damit schon zufrieden war, packte er seine Sachen, um mit seinem Boot nachhause zu fahren. Ein junger Mann, ein Investmentbanker, sah den Fischer, wie er zusammenpackte und lief mit folgenden Worten zu ihm hin: „Warum packen Sie denn schon ein? Es ist noch früh, Sie können noch mehr Fische fangen!"

Der Fischer erwiderte: „Klar könnte ich das machen. Aber ich habe heute noch einiges Schönes vor. Erst will ich mit meiner Familie Zeit verbringen. Danach möchte ich mit meinen Freunden zusammen Musik hören und Wein dabei trinken. Und am Ende des Tages will ich alleine den Tag genießen, indem ich mich hinsetze und die Welt um mich herum wahrnehme."

Der Investmentbanker schmunzelte und sagte zu dem Fischer: „Na ja, ich sag Ihnen mal, was Sie jetzt am besten tun, um das Leben zu genießen. Arbeiten Sie jeden Tag ein paar Stunden mehr, um mehr Fische zu angeln. Die Fische können Sie dann gegen Geld tauschen, welches Sie ansparen, und mit dem Geld können Sie sich ein größeres Boot kaufen. Mit dem größeren Boot werden sie in der Lage sein, viel mehr Fische zu fangen. Diese Fische verkaufen sie dann an einen Großhändler, sodass Sie viel mehr Gewinn machen. Dann kaufen Sie sich mit diesem Geld eine eigene Fabrik und gehen an die Börse. Später können sie Ihre Aktien verkaufen und werden Millionär. Als Millionär können sie dann glücklich das Leben genießen."

Der Fischer äußerte sich gegenüber dem Investmentbanker mit nur einer Frage: „Wie lange würde das ungefähr dauern?". Der junge Mann antwortete: „Etwa zwanzig Jahre könnten Sie mit Glück dazu benötigen."

Als Nächstes fragte der Fischer: „Und was passiert danach? Was passiert, nachdem ich meine Fabrik verkauft habe?". Der junge Mann erwiderte etwas verwirrt „Na ja, dann können Sie die Zeit mit Ihrer Familie genießen. Sie können sich mit ihren Freunden treffen, an Wein und Musik erfreuen und am Abend alleine sein. Zusätzlich können sie sogar noch ein paare Fische angeln."

Da lachte der Fischer wohlwollend und sagte: „Aber das ist doch das, was ich bereits tue!"

.

„Aber das ist doch das, was ich bereits tue!"

33

DER MOND
und
DER WIND

Es existierten einst eine Löwe und ein Tiger. Beide waren gut miteinander befreundet und mochten sich sehr. Sie hatten sich kennengelernt, als sie noch so jung waren, dass sie ihre Unterschiede nicht sehen konnten. Daher fanden sie ihre Freundschaft überhaupt nicht ungewöhnlich.

Eines Tages hatten der Tiger und der Löwe einen gewaltigen Streit. Der Tiger sagte: „Es ist doch klar, dass es kalt wird, wenn der Mond von Vollmond zu Neumond wechselt." Der Löwe widersprach allerdings: „Wo hast du diesen Unsinn gehört? Jeder weiß, dass die Kälte kommt, wenn der Mond von neuem zu Vollmond wird!"

Der Streit wurde immer größer und beide wurden immer wütender. Beide waren sehr stur, sodass sich keiner von der anderen Meinung überzeugen ließ.

Es ging so weit, dass sich beide schlimm beschimpften, und eine Lösung schien undenkbar zu sein.

Beide entschieden sich, dass sie sich nicht einigen konnten und jemand anderen fragen würden, der möglicherweise mehr weiß als sie beide. Denn sie wussten, dass ihre Freundschaft diesen Streit sonst nicht überstehen würde.

Sie lebten in der Nähe eines Mönchs. Dieser Mönch lebte weit weg von anderen Menschen und fühlte sich alleine im Wald wohl. Der Mönch hatte bereits viel Lebenserfahrung und kannte sich ganz sicher besser mit einer solchen Thematik aus. Um ihren Streit zu klären, gingen sie daher zu dem Mönch.

Sie besuchten den Mönch in seinem Heim und stellten ihm sofort die Frage. Sie sagten ihm auch, dass ihre Freundschaft wegen des Streits sehr litt. Der Mönch antwortete nicht direkt, sondern nahm sich einiges an Zeit, um über die Frage nachzudenken.

„Lass mich euch erst dies fragen: Wieso ist euch beiden die Antwort so wichtig?"

Sowohl der Löwe als auch der Tiger überlegten lange, was sie dem Mönch antworten sollten.

„Es ist wichtig, um zu wissen, wer Recht hat", sagte der Löwe. Der Tiger nickte.

„Und was habt ihr dann, wenn ihr Recht habt?"

Wieder mussten beide lange nachdenken. Doch dieses Mal fiel ihnen das Antworten noch schwerer.

„Man fühlt sich gut, wenn man Recht hat. Also hat man ein gutes Gefühl danach", sagte der Tiger. Der Löwe nickte.

„Wie lange hat man dieses Gefühl danach?"

„Ein paar Minuten, vielleicht sogar einen Tag lang."

„Und was hat man durch Freundschaft?", fragte der Mönch nun.

Beide konnten schnell antworten, wie toll doch ihre Freundschaft sei und wie das Leben beider durch sie bereichert wird.

„Ja wenn das so ist, wieso leidet eure Freundschaft dann unter einem Streit darüber, wer Recht hat? Eure Freundschaft ist euch sehr wertvoll und macht euch dauerhaft glücklich. Allerdings wollt ihr es tauschen gegen ein kurzfristiges Gefühl von Glück durch das Rechthaben.

Aber wisst ihr was? Gewissermaßen habt ihr beide Recht. Denn es kann letztendlich nämlich in jeder

Mondphase kalt sein. Es ist der Wind, der die Kälte bringt, nicht der Mond."

Beide schauten sich an und schämten sich für ihren Streit.

Der Löwe und der Tiger dankten dem weisen Mönch und gingen zurück zu ihrem Heim. Beide waren glücklich, dass sie noch Freunde waren.

34

DER
Zen-Meister Hakuin
UND DER SÄUGLING

Einst lebte ein Zen-Meister namens Hakuin in einem Dorf. Jeder in diesem Dorf pries seine untadlige Lebensweise.

Auch ein wunderschönes Mädchen lebte in dem Dorf, welche die Tochter eines Lebensmittelhändlers war. Eines Tages wurde sie schwanger. Ihr Vater wurde deswegen so wütend, dass er ihren Liebhaber bestrafen wollte. Daher zwang der Vater sie, den Namen des Mannes zu verraten, der sie geschwängert hatte.

Der Vater drohte mit Strafe und ließ sich mit keiner Antwort beruhigen. Irgendwann sagte das Mädchen aus Angst vor dem Vater den Namen des Zen-Meisters.

Der Vater war völlig geschockt, hielt sich aber zurück, weil ihm Hakuins Stand sehr wohl bewusst war.

Als das Kind Monate später geboren wurde, konnte der Vater sich nicht mehr zurückhalten. Er nahm das Kind nach der Geburt und ging den Zen-Meister Hakuin besuchen.

Er hielt ihm das Kind vor sein Gesicht und beschwerte sich gewaltig über die Schande und Peinlichkeit, die seine Familie nun ertragen muss.

Der Zen-Meister antwortete darauf allerdings nur: „Ist das so?" Danach sah er das Kind liebevoll an und nahm es an sich.

Seit diesem Tag nahm er das Kind überallhin mit und schützte es durch sein Gewand. Auch in stürmischen und regnerischen Zeiten schützte er das Kind durch sein Gewand.

Es sprach sich schnell im Dorf herum, dass er ein junges Mädchen geschwängert hatte. Einige seiner ehemaligen Schüler folgten seinen Lehren nicht mehr. Sie empfanden seine Tat als Schande.

Der Zen-Meister sagte nie etwas zu den Anschuldigungen. Er zog das Kind auf, als wäre es sein eigenes.

Das Mädchen allerdings hatte großen Schmerz, weil sie von ihrem Kind getrennt war. Um ihr Kind wiederzubekommen, erzählte sie ihrem Vater daher die Wahrheit über den wirklichen Liebhaber. Sie nannte den Namen ihres eigentlichen Liebhabers, der ein einfacher Junge aus dem Dorf war.

Ihr Vater, aufs Neue sehr geschockt, rannte wieder schnell zu dem Zen-Meister und entschuldigte sich. Er warf sich vor Hakuins Füße.

Hakuin allerdings antwortete dem Vater nur wieder:

„Ist das so?"

„Du hast mich ausgewählt.

Daher wusste ich, dass du mich wolltest.

35

DER
Garten
DES KÖNIGS

Es existierte einst ein König, der immer einen wunderschönen Garten haben wollte. Also ließ er einen Garten mit vielen Bäumen und Pflanzen anlegen.

Monate später ging er in seinen Garten, um seine Bäume und Pflanzen zu bewundern.

Zu seinem Erschrecken war der Garten überhaupt nicht so schön wie vorher. Denn viele Bäume und Pflanzen waren verwelkt oder abgestorben.

Um der Sache auf den Grund zu gehen, ging er zuerst zu der Eiche und fragte sie, warum es ihr denn so schlecht gehe. Die Eiche antwortete, dass es ihr nicht gut gehe und sie nicht überleben würde, weil sie nicht so toll sei wie die Tanne. Die Tanne sei nämlich sehr hoch und die Eiche könne niemals so hoch wachsen.

Der König trat nun zur Tanne und stellte ihr dieselbe Frage: „Tanne, wieso bist du am Verwelken?"

Die Tanne sagte, dass sie am Verwelken sei, weil sie nicht so toll sei wie der Weinstock. Dieser könnte nämlich Trauben tragen und die Tanne könnte dies nicht.

Der König wandte sich nun an den Weinstock und stellte abermals dieselbe Frage:

„Und du Weinstock, wieso bist du am Sterben?"

Der Weinstock erwiderte, dass er am Sterben war, weil er nicht so toll sei wie eine Rose. Diese würde nämlich wunderschön blühen können. Verzweifelt schaute er sich in seinem Garten um. Plötzlich sah er das wilde Stiefmütterchen. Im Gegensatz zu den anderen Pflanzen in dem Garten war das Stiefmütterchen vollkommen frisch und blühte wunderschön.

Daher fragte er sie, warum sie noch so schön blühe, während alle anderen Pflanzen verwelkten.

Darauf antwortete das Stiefmütterchen:

„Du hast mich ausgewählt. Daher wusste ich, dass du mich wolltest. Denn wenn du dich nach einer Tanne, Rose oder anderen Pflanze in deinem Garten gesehnt hättest, dann hättest du eine Tanne, Rose oder andere Pflanze eingesetzt.

Als du dich daher entschieden hast, ein Stiefmütterchen zu pflanzen, wusste ich, dass du auch ein
Stiefmütterchen willst. Ich gab daher auch mein
Bestes, ein Stiefmütterchen zu sein. Denn letztlich
kann ich sowieso nichts anderes sein als das, was ich
bin. Also versuche ich einfach mein bestes Ich zu
sein".

.

„Und du Weinstock, wieso bist du am Sterben?"

DIE
zwei Söhne
UND IHRE MUTTER

Einst gebar eine Mutter zwei Söhne. Beide spielten oft zusammen und hatten viel Spaß.

Obwohl beide gemeinsam aufwuchsen, konnten sie unterschiedlicher nicht sein. Der eine Sohn blieb häufig bei seiner Mutter und wollte sie am besten niemals verlassen. Der andere Sohn war ein Abenteurer, der keine Angst vor dem Unbekannten hatte und daher seine Mutter oft verließ, um die Welt zu erkunden.

So war es dann auch, als sie erwachsen wurden. Der eine Sohn blieb bei seiner Mutter, während ihr anderer Sohn sie häufig verließ. Jedes Mal, wenn er von einer seiner Reisen zurückkam, brachte er seiner Mutter ein Geschenk von seiner Reise mit.

Einst stritten sich die zwei Söhne darüber, wer die Mutter mehr liebhatte. Beide nannten Gründe, warum sie das eher seien. Die Mutter unterbrach sie und sagte, dass derjenige von ihnen, der die Welt als Erster umrundet habe und wieder bei ihr sei, der Gewinner sei.

Der eine Sohn, der ein Abenteurer war, rannte sofort los in der Hoffnung, die Welt als Erstes zu umkreisen.

Der andere Sohn aber blieb stehen und rannte um seine Mutter herum. Er umarmte sie und sagte dann: „Du bist meine Welt. Ich habe dich umkreist."

DER MANN,
der den Mond
VERSCHENKEN
WOLLTE

Der Zen-Meister Ryokan lebte ein sehr einfaches Leben in einer kleinen Hütte am Fuße eines Berges.

Eines Nachts hörte er leise Schritte in der Hütte. Verwundert, warum um diese Zeit Schritte zu hören waren, lief er in die Richtung der Schritte. Von draußen konnten die Schritte nicht kommen. Dafür waren sie zu gut hörbar. Er lebte aber alleine im Haus. Ein Mitbewohner konnte es also auch nicht sein.

Als er die Person fand, von der die Schritte kamen, sah er, wie ein Dieb nach wertvollen Gegenständen in der Wohnung suchte. Er konnte jedoch nichts finden. Als der Dieb gerade die Hütte verlassen wollte, stoppte der Zen-Meister ihn und meinte, dass er ja vermutlich von weit hergekommen sei und nicht mit leeren Händen nachhause gehen sollte. Er bat ihn also, seine Kleidung als Geschenk anzunehmen. Der Dieb war völlig überrascht und wusste nicht, was er denken sollte. Er nahm die Kleider an sich und verließ schnell die Hütte.

Der Zen-Meister setzte sich nun nackt vor seine Hütte und beobachtete den Mond. Er konnte den Dieb nicht vergessen und dachte:

„Ach der arme Kerl. Ich wünschte, ich hätte ihm den wundervollen Mond geben können."

Die zwei Mönche und der Fluss

Eine Geschichte über das Loslassen

Zwei Mönche liefen nach einer kleinen Wanderung zusammen zurück zum Tempel. Auf dem Weg gelangten sie an einen Fluss, der eine starke Strömung hatte.

Als sie sich entschieden, den Fluss zu überqueren, sahen sie, wie eine junge hübsche Frau auf ihrer Seite des Flusses vergeblich versuchte, auf die andere Seite zu gelangen. Sie hatte teure Kleidung an, die sicherlich nass geworden wäre, wenn sie versucht hätte, den Fluss zu überqueren.

Weil sie merkte, dass es für sie alleine niemals möglich sein würde, diesen Fluss zu überqueren, bat sie die Mönche um Hilfe.

Der alte Mönch zögerte nicht und nahm die Frau auf seine Schultern und trug sie auf die andere Seite des Flusses. Die Frau zeigte große Dankbarkeit und verabschiedete sich.

Der jüngere Mönch war völlig empört. Als Mönch war es ihnen nicht erlaubt, Frauen anzufassen. Aber der eine Mönch hatte sie nicht nur angefasst, sondern sogar auf den Schultern getragen! Angefressen lief der Mönch dann neben dem anderen Mönch nachhause.

Sogar Stunden später, nachdem sie im Tempel angekommen waren, blieb der Mönch sehr verärgert. Er konnte dieses Fehlverhalten des anderen Mönchs nicht vergessen.

Der andere Mönch bemerkte, dass er sauer war und fragte ihn, was denn los sei. Der wütende Mönch antwortete ihm:

„Wie kannst du das nur fragen! Wir dürfen als Mönche niemals eine Frau anfassen. Du hast diese Frau aber über den Fluss getragen. Wie konntest du nur?"

Der Mönch erwiderte lachend:

„Ich habe die Frau vor Stunden am Ufer gelassen und gehe meinen Weg. Du aber trägst sie immer noch mit dir herum."

38

DER
verlassene
MANN

Einst kam ein Mann zu einem Zen-Meister. Er beklagte sich vehement, dass seine Frau ihn verlassen habe:

„Dieses ekelhafte Geschöpf! Sie ist so grauenhaft. Ich kann nicht aufhören, daran zu denken, wie ich mich an ihr rächen werde. Jeden Tag, wenn ich aufwache, denke ich direkt an meine Pläne. Warum muss ich so leiden, Meister?"

Der Meister antwortete:

„Weißt du, immer wenn etwas Schlimmes wie bei dir passiert, fühlt es sich so an, als habe uns ein Pfeil getroffen. Das ist der Schmerz. Dieser ist schrecklich. Doch es gibt immer einen weiteren Pfeil. Der Pfeil ist unsere Reaktion auf den Schmerz. Er geht über den Schmerz hinaus. Das ist das, was du gerade fühlst. Das ist Leiden."

39

DER
wissbegierige
PROFESSOR

Einst wollte ein Professor einen Zen-Meister besuchen, um von ihm zu lernen. Also ging er in die Berge, wo der Meister lebte.

In den Bergen suchte der Professor den Meister und fand ihn nach einiger Zeit. Er stellte sich vor und erzählte auch von seinem akademischen Grad.

Daraufhin wollte er von dem Zen-Meister belehrt werden.

Der Mönch sagte nur:

„Willst du Tee trinken?"

Der Professor stimmte zu. Der Zen-Meister bereitete alles für den Tee vor und schenkte dem Professor Tee ein. Als die Tasse voll war, stoppte er allerdings nicht. Der überschüssige Tee floss auf den Tisch und schließlich gelangte er auf den Boden. Der Professor war total verwirrt und rief:

„Es reicht! Können Sie nicht sehen, dass nicht mehr Tee in die Tasse passt? Sie ist voll!"

Der Mönch erwiderte darauf:

„So wie die Tasse bereits voll ist, bist auch du voll von Wissen und Vorurteilen. Um etwas Neues lernen zu können, muss man eine leere Tasse sein."

40

DER FROSCHWETTKAMPF

Einst kamen viele Frösche zusammen und wollten einen Wettbewerb veranstalten. Der erste Frosch, der den höchsten Punkt des größten Turms in der Umgebung erreichen würde, hatte gewonnen.

Der Wettbewerb begann und es nahmen viele Frösche an ihm teil. Zahlreiche weitere Frösche kamen, um sich den Wettbewerb anzusehen.

Alle Frösche, die dem Wettbewerb zuschauten, waren davon überzeugt, dass es sowieso keiner der Frösche schaffen würde.

Daher waren sie nur da, um ihren Unglauben zum Ausdruck zu bringen und taten das Gegenteil von Anfeuern.

Einer schrie: „Oh nein! Ihr alle werdet es niemals schaffen!", ein anderer: „Unmöglich, was er versucht". Wieder ein anderer rief: „Ihr seid doch alle nur Versager."

Tatsächlich schien es so, als ob die Zuschauer Recht behalten sollten. Denn es kam auch nach einiger Zeit kein einziger Frosch oben an. Außerdem hatten sich immer mehr Frösche dazu entschieden freiwillig aufzugeben.

Die Zuschauer hörten indes nicht auf zu schreien, dass sie es niemals schaffen würden. Tatsächlich hörten alle auf. Nur einer gab nicht auf. Nach einiger Zeit schaffte es dieser Frosch als Einziger auf die Spitze des Turms.

Alle waren vollkommen verblüfft. Wie hatte er es nur geschafft?

Um dies herauszufinden, fragten sie ihn. Als sie sich ihm näherten und er nicht antwortete, bemerkten sie, dass er taub war.

41

DIE KARTOFFELLAST

Es existierte einst eine Lehrerin, die ihren Schülern eine Lektion beibringen wollte.

Sie sagte ihnen, sie sollten ein paar Kartoffeln in die Schule mitbringen. Jedes Kind sollte sich überlegen, welche Personen es nicht besonders mochte, und für jede eine Kartoffel zur Hand nehmen. Auf diese Kartoffel sollten die Kinder jeweils den Namen dieser Person schreiben. Alle Kartoffeln entsprachen dann der Menge der Menschen, die das Kind nicht mochte.

Am nächsten Tag sollten die Kinder die beschrifteten Kartoffeln mit in die Schule bringen. Manche Kinder hatten viele Kartoffeln und demnach viele Personen, die sie nicht ausstehen konnten. Andere hatten nur eine oder zwei Kartoffeln dabei.

Die Lehrerin gab den Kindern nun die Aufgabe, die Kartoffeln die ganze Woche überallhin mitzunehmen, wo sie hingehen.

Nach ein paar Tagen wollten die Kinder nicht mehr weitermachen, weil die Kartoffeln zu stinken begannen.

Zusätzlich beschwerten sich die Kinder, die viele Kartoffeln mit sich trugen, dass die Kartoffeln zu schwer seien.

Nach der Woche kamen alle wieder zusammen und die Lehrerin fragte die Kinder:

„Wie war diese Woche?"

Die Kinder hatten nur Negatives zu berichten. Die Kartoffeln waren zu schwer und zu stinkig.

Die Lehrerin sagte daraufhin:

„Wenn ihr Menschen nicht leiden könnt, verhält es sich ähnlich wie bei den schweren Kartoffeln. Ihr tragt sie jeden Tag mit euch. Sie sind unangenehm und schwer und trotzdem tragt ihr sie mit euch herum. So wie ihr den Gestank der Kartoffeln nicht ertragen könnt, so kann der Mensch auch den Hass gegen eine Person schwer in seinem Herzen ertragen. Er leidet sehr darunter."

42

BUDDHA
und der
WÜTENDE MANN

Einst besuchte Buddha ein Dorf. Alle freuten sich, als sie ihn sahen. Buddha erzählte viel und die Leute hörten ihm gebannt zu.

Plötzlich kam ein junger Mann hervor, der überhaupt nicht überzeugt war und ihn nicht sehen wollte.

Er glaubte, dass Buddha nur ein Betrüger sei, der seine Anhänger zu täuschen versuchte.

Buddha hielt seine Rede und der junge Mann begann laut herumzuschreien, um die Rede zu stören.

Buddha allerdings ignorierte ihn und dessen Anstalten, was den jungen Mann nur noch wütender machte.

Sehr wütend ging er dann direkt zu Buddha hin und beleidigte ihn:

„Du darfst keinem etwas beibringen. Du weißt genauso wenig wie alle anderen hier. Hör auf! Du bist genauso dumm wie alle anderen. Hör auf andere zu belehren, du Betrüger!"

Die Menschen, die Buddhas Rede zuhörten, waren empört und versuchten den Mann zu stoppen. Aber Buddha sagte ihnen, dass sie damit aufhören sollten:

„Aggression soll nicht mit Aggression bekämpft werden."

Dann drehte er sich zu dem wütenden jungen Mann hin und fragte ihn lächelnd:

„Beantworte nur dies: Wenn du ein Geschenk kaufst, aber die Person, für die das Geschenk gedacht ist, das Geschenk nicht will, wem gehört es dann?"

Der junge Mann war perplex und fand die Frage zwar sehr merkwürdig, antwortete aber trotzdem:

„Das Geschenk würde dann immer noch mir gehören, weil die Person das Geschenk nicht angenommen hat und ich es gekauft habe. Dann bleibt es bei mir."

Buddha sagte daraufhin lachend:

„So funktioniert das auch mit Wut. Wenn du zornig bist und mich beschimpfst, ich aber nicht beleidigt bin und den Zorn nicht annehme, dann gelangt der Zorn zu dir zurück. Der Einzige, der unglücklich ist, bist im Endeffekt nur du selbst. Dadurch hast du nur dich selbst verletzt." Der Mann begriff, was Buddha meinte und schwieg.

„Der Einzige, der unglücklich ist, bist im Endeffekt
nur du selbst.“

43

DIE ALTE FRAU
und ihre verlorene
NADEL

Eines Nachmittags sahen einige Menschen eine alte Frau, wie sie auf der Straße vor ihrem Haus nach etwas suchte.

Die Menschen, die die alte Frau sahen, gingen zu ihr, um sich zu erkundigen, wie sie ihr helfen könnten.

„Was ist los? Wonach suchst du?", fragten sie.

Die alte Frau sagte, dass sie eine Nadel verloren hatte.

Alle dastehenden Menschen begannen der alten Frau beim Suchen zu helfen.

Sie suchten lange und konnten trotzdem keine Nadel finden. Also fragte sie einer:

„Die Straße ist doch sehr lang und die Nadel sehr klein. Es wird sehr schwer sein, sie zu finden. Sag uns am besten einfach, wo genau du sie fallen gelassen hast. So können wir unser Suchfeld verkleinern"

Die alte Frau antwortete:

„Ich habe die Nadel im Haus fallen lassen."

„Bist du verrückt? Wenn du die Nadel in deinem Haus fallen gelassen hast, warum suchen wir dann vor deinem Haus?", fragten alle Suchenden.

„Na ja, weil hier draußen Sonnenlicht ist und in meinem Haus eben nicht", antwortete sie.

44

SEI
dein
BOSS!

Einst galoppierte ein Pferd mit seinem Reiter sehr schnell die Straße hinunter. Es wirkte so, als ob der Mann etwas sehr Wichtiges zu erledigen hatte. Alle schauten ihn gespannt an. Was war es wohl, was der Mann so Bedeutendes zu erledigen hatte?

Ein anderer Mann, der an der Straße stand und ihn schnell durchreiten sah, rief ihm aus Neugierde laut zu:

„Wohin willst du denn so schnell hin?"

Der Mann auf dem Pferd antwortete:

„Ehrlich gesagt weiß ich das nicht! Frag das Pferd!"

„Frag das Pferd!"

45

DIE
zwei
AKROBATEN

Einst lebten zwei Akrobaten, die versuchten zusammen Geld auf der Straße zu verdienen. Der eine Akrobat war ein alter Lehrer, arm und verwitwet. Der andere Akrobat war eine junge Frau mit dem Namen Meda.

Ihr einziges Ziel war es, durch die Auftritte auf der Straße genug Geld zum Überleben einzusammeln. Also traten sie jeden Tag aufs Neue auf.

Der Auftritt war kein leichter. Im Gegenteil, er war so schwer, dass er die vollkommene Konzentration beider erforderte.

Der Lehrer balancierte einen langen Bambusstock auf seinem Kopf. Dann kletterte die junge Frau an diesem Bambusstock langsam ganz nach oben.

Dort blieb sie dann, während der Lehrer den Bambusstock balancierend überall herumlief.

Beide mussten dabei sehr konzentriert bleiben, um jegliche Verletzung zu verhindern. Deswegen konnten sie ihren Auftritt immer ohne große Probleme beenden.

Einst sagte der Lehrer dem Mädchen:

„Hör mir zu, Meda! Wir müssen auf uns gegenseitig aufpassen. Wenn du auf mich achtest und ich auf dich, dann werden wir es schaffen. So können wir vollkommen konzentriert arbeiten und unnötige Verletzungen verhindern."

Aber die junge Frau war weise und sagte:

„Lieber Lehrer, ich denke nicht, dass das eine gute Idee ist. Es ist sicherlich besser, wenn wir beide nur auf uns selbst achten. So kann uns nichts passieren. Denn auf uns selbst zu achten, bedeutet, dass wir aufeinander achten. So werden wir bestimmt keine Unfälle haben."

46

ZEIT

zu

STERBEN

Es existierte einst ein Zen-Meister namens Ikkyu. Schon als kleiner Junge war er bekannt für seinen klugen Kopf.

Eines Tages besuchte Ikkyu seinen Lehrer. Dieser besaß eine schöne und sehr besondere Teetasse, eine seltene Antiquität. Ikkyu zerbrach die Teetasse durch seine Unvorsichtigkeit, was ihn sehr verblüffte.

Als er hörte, dass sein Lehrer bereits auf dem Weg zu ihm war, nahm er die zerbrochenen Teile der Tasse in die Hand und versteckte sie hinter seinem Rücken. Als der Lehrer sodann vor ihm stand, fragte Ikkyu seinen Lehrer:

„Warum müssen Menschen sterben?"

„Das ist der normale Werdegang. Es ist vollkommen natürlich", antwortete der alte Lehrer ihm,

„alles stirbt irgendwann. Auf der Erde kann man nur für eine bestimmte Zeit leben."

Ikkyu brachte die zerbrochenen Teile hinter seinem Rücken hervor und sagte:

„Es war Zeit für deine Teetasse zu sterben."

47

DIE ANTWORT
des toten
MANNES

Als Mamiya, der später ein bekannter Meister wurde, zu einem Lehrer ging, um sich beraten zu lassen, wurde er gebeten, das Geräusch einer Hand zu erklären. Das Geräusch zwei Händen kannte er: das laute Klatschen. Allerdings konnte er nicht sagen, wie eine Hand alleine klingt.

Mamiya bemühte sich stark, das Geräusch einer Hand zu ergründen. „Du arbeitest nicht hart genug", sagte ihm sein Lehrer. „Du hängst zu sehr an Essen, Reichtum, Dingen und diesem Geräusch. Es wäre besser, wenn du sterben würdest. Das würde das Problem lösen."

Als Mamiya das nächste Mal vor seinem Lehrer erschien, wurde er erneut gefragt, was er in Bezug auf den Klang einer Hand zu zeigen habe. Mamiya fiel auf den Boden, als ob er tot wäre.

„Du bist wirklich tot", bemerkte der Lehrer. „Aber was ist mit dem Geräusch?"

„Das habe ich noch nicht gelöst", antwortete Mamiya und blickte auf.

„Tote reden nicht", sagte der Lehrer. „Verschwinde!"

48

EIN
Fähnchen
IM WIND

Einmal liefen zwei Zen-Mönche die Straße hinunter. Es war ein kühler Tag und es wehte eine leichte Brise. Da sagte der eine zu dem anderen: „Schau, die Flagge flattert im Wind."

Der zweite Mönch antwortete: „Nein, das ist töricht. Der Wind flattert mit der Fahne." Und so verbrachten sie die nächste viertel Stunde damit zu argumentieren.

„Die Flagge flattert!"

„Der Wind flattert!"

Als die Diskussion sich erhitzte, kam der Zen-Meister die Straße hinuntergelaufen. Sie rannten zu ihm in der Hoffnung, er könnte ihnen weiterhelfen.

„Roshi, bitte kläre unseren Streit. Ich sage die Flagge flattert im Wind, er sagt der Wind flattert mit der Fahne. Wer von uns beiden hat nun recht?"

Der Meister schaute die beiden mit einem durchdringenden Blick an. „Ihr habt beide Unrecht." Sagte er. „Euer Verstand flattert!"

49

MOKUSENS HAND

Mokusen Hiki lebte in einem Tempel in der Provinz Tamba. Einer seiner Anhänger beklagte sich über den Geiz seiner Frau. Mokusen besuchte deswegen die Frau und hielt ihr seine geballte Faust vor die Augen. „Was willst du denn damit?", fragte die Frau verwirrt.

„Angenommen, meine Faust wäre immer so. Wie würdest du das dann nennen?", fragte er.

„Eine entstellte Hand", antwortete die Frau.

Daraufhin öffnete er seine Hand und spreizte die Finger alle aus. Er hielt die flache Hand nun vor ihr Gesicht und fragte: „Angenommen, sie wäre immer so. Was dann?"

„Eine andere Art von Entstellung", sagte die Frau.

„Wenn du so viel verstehst", schloss Mokusen, „dann bist du eine gute Ehefrau."

Dann ging er. Nach seinem Besuch half die Frau ihrem Mann sowohl beim Verteilen an andere als auch beim Sparen für sich selbst.

50

DAS
Land
DER
Träume

„Unser Schulmeister machte gerne jeden Nachmittag ein Schläfchen", erzählte ein Schüler von Soyen Shaku.

Wir Schüler fragten ihn, warum er das jeden Nachmittag tue, und er sagte uns: „Ich gehe ins Land der Träume, um die alten Weisen zu treffen, genau wie Konfuzius es tat. Wenn Konfuzius schlief, träumte er von alten Weisen und erzählte seinen Anhängern später seinen Begegnungen."

Eines Tages war es sehr heiß, und einige von uns hielten ein Nickerchen. Unser Schulmeister schimpfte mit uns. „Wir gingen ins Traumland, um die alten Weisen zu treffen, so wie Konfuzius es tat", erklärten wir ihn daraufhin. „Was war den die

Botschaft dieser Weisen?", fragte unser Schulmeister darauf fordernd.

Einer von uns antwortete: „Wir gingen ins Traumland und trafen die Weisen und fragten sie, ob unser Schulmeister jeden Nachmittag dorthin käme, aber sie sagten, sie hätten noch nie einen solchen Menschen gesehen."

51

DER GEBER
sollte
DANKBAR SEIN

Als Seietsu der Meister von Engaku - das in Kamakura lag - war, benötigte er größere Räumlichkeiten, da die, in denen er unterrichtete, überfüllt waren. Umeza Seibei, ein Kaufmann aus Edo, beschloss, fünfhundert Goldstücke - Ryo genannt - für den Bau einer geräumigeren Schule zu spenden. Dieses Geld brachte er dem Lehrer.

Seisetsu sagte: „In Ordnung. Ich werde es nehmen."

Umezu gab Seisetsu den Sack voll Gold, aber er war sehr unzufrieden mit der Haltung des Lehrers. Bereits drei Ryo waren genug, um durch ein ganzes Jahr zu kommen, und nicht einmal für fünfhundert Ryo wurde dem Kaufmann gedankt.

„In diesem Sack sind fünfhundert Ryo", deutete Umeza nochmals an.

„Das habt ihr schon einmal gesagt", antwortete Seisetsu darauf.

„Auch wenn ich ein reicher Kaufmann bin, sind fünfhundert Ryo eine Menge Geld", sagte Umezu.

„Soll ich mich dafür bedanken?", fragte Seisetsi.

„Das solltet ihr", antwortete Umeza.

„Warum sollte ich?", fragte Seisetsu. „Der Geber sollte dankbar sein."

52

DIE VERHAFTUNG
des steinernen
BUDDHAS

Ein Händler, der fünfzig Rollen Baumwolle auf den Schultern trug, hielt an, um sich von der Hitze des Tages unter einem Unterstand, in dem ein großer Steinbuddha stand, auszuruhen. Dort schlief er ein, und als er aufwachte, war seine Ware verschwunden. Er meldete die Angelegenheit sofort der örtlichen Polizei. Ein Richter namens O-Oka eröffnete das Gericht, um den Fall zu untersuchen.

„Dieser steinerne Buddha muss die Waren gestohlen haben", schloss der Richter. „Er soll sich um das Wohlergehen der Menschen kümmern, aber er hat seine heilige Pflicht nicht erfüllt. Nehmt ihn fest." Die Polizei nahm den Steinbuddha fest und trug ihn in den Gerichtssaal.

Eine lärmende Menge folgte der Statue, neugierig darauf, welches Urteil der Richter verhängen würde. Als O-Oka auf dem Richtertisch erschien, tadelte er die lärmende Menge. „Welches Recht habt ihr, lachend und scherzend vor dem Gericht zu erscheinen? Ihr missachtet das Gericht und müsst mit einer Geld- und Gefängnisstrafe rechnen." Die Leute beeilten sich, sich zu entschuldigen.

„Ich muss euch eine Geldstrafe auferlegen", sagte der Richter, „aber ich werde sie erlassen, wenn jeder von euch innerhalb von drei Tagen eine Rolle Baumwolle zum Gericht bringt. Wer das nicht tut, wird verhaftet."

Eine der Stoffrollen, die die Leute brachten, wurde von dem Kaufmann schnell als seine eigene erkannt, und so wurde der Dieb leicht entdeckt. Der Kaufmann erhielt seine Waren zurück, und die Baumwollrollen wurden den Leuten zurückgegeben.

53

IN DEN
Händen
DES
Schicksals

Ein großer japanischer Krieger namens Nobunaga beschloss, den Feind anzugreifen, obwohl er nur ein Zehntel der gegnerischen Truppenstärke besaß. Er war sich sicher, dass er gewinnen würde, aber seine Soldaten zweifelten.

Auf dem Weg zur Schlacht hielt er an einem Shinto-Schrein an und sagte zu seinen Männern: „Nachdem ich den Schrein besucht habe, werde ich eine Münze werfen. Wenn Kopf kommt, werden wir gewinnen, wenn Zahl, werden wir verlieren. Das Schicksal hält uns in seinen Händen."

Nobunaga betrat den Schrein und sprach ein stilles Gebet. Er kam heraus und warf eine Münze. Kopf erschien. Seine Soldaten verloren sofort alle Zweifel und waren so entschlossen, dass sie die Schlacht leicht gewannen.

„Niemand kann die Hand des Schicksals ändern", sagte ihm sein Diener nach der Schlacht.

„In der Tat nicht", sagte Nobunaga und zeigte eine Münze, die auf beiden Seiten einen Kopf hatte.

54

DIE
wertvollste Sache
AUF DER WELT

Sozan, ein chinesischer Zen-Meister, wurde von einem Schüler gefragt: „Was ist die wertvollste Sache auf der Welt?"

Der Meister antwortete: „Der Kopf einer toten Katze."

„Warum ist der Kopf einer toten Katze das Wertvollste auf der Welt?", fragte der Schüler.

Sozan antwortete: „Weil niemand seinen Preis nennen kann."

„Was ist die wertvollste Sache auf der Welt?"

55

DER STEINGEIST

Hogen, ein chinesischer Zen-Lehrer, lebte allein in einem kleinen Tempel auf dem Lande. Eines Tages erschienen vier reisende Mönche und fragten, ob sie in seinem Garten ein Feuer machen dürften, um sich zu wärmen. Während sie das Feuer machten, hörte Hogen, wie sie sich über Subjektivität und Objektivität stritten. Er gesellte sich zu ihnen und sagte: „Da ist ein großer Stein. Glaubt ihr, dass er sich innerhalb oder außerhalb eures Geistes befindet?"

Einer der Mönche antwortete: „Aus buddhistischer Sicht ist alles eine Objektivierung des Geistes, also würde ich sagen, dass der Stein innerhalb meines Geistes ist."

„Dein Kopf muss sich sehr schwer anfühlen, wenn du einen solchen Stein in deinem Geist herumträgst.", sagte Hogen darauf.

„Alles in meinem Laden ist das Beste"

56

KEINE
Arbeit
KEIN
Essen

Hyakujo, der chinesische Zen-Meister, arbeite sogar noch mit seinen achtzig Jahren mit seinen Schülern zusammen. Er pflegte die Gärten, säuberte den Boden und beschnitt die Bäume. Seinen Schülern tat es leid, den alten Meister so hart arbeiten zu sehen. Sie wussten allerdings auch, dass der Zen-Meister niemals auf sie hören würde, mit der Arbeit aufzuhören.

An einem Tag versteckten sie daher in der Frühe die Werkzeuge des Zen-Meisters. An diesem Tag aß der Meister nichts, auch am nächsten Tag aß er nichts und am übernächsten ebenfalls nicht. „Vielleicht ist er böse, weil wir seine Werkzeuge versteckt haben", vermuteten die Schüler. „Wir sollten sie besser zurückbringen."

An dem Tag, an dem sie das taten, arbeitete und aß der Lehrer wie zuvor. Am Abend wies er seine Schüler dann an:

„Keine Arbeit, kein Essen."

57

DER GEIST
und
DIE BOHNEN

Eine junge Ehefrau war so krank, dass sie ihren Tod schon bald erwartete.

„Ich liebe dich so sehr", sagte sie zu ihrem Mann, „Ich will dich nicht verlassen. Geh nicht nach mir zu irgendeiner anderen Frau. Wenn du das tust, werde ich als Geist zurückkehren und dich für immer heimsuchen."

Nicht lange nach diesem Gespräch verstarb sie tatsächlich. Der Ehemann respektierte ihren letzten Wunsch während der ersten drei Monate, aber dann lernte er eine andere Frau kennen und verliebte sich in sie.

Sie verlobten sich. Doch unmittelbar nach der Verlobung erschien dem Mann jede Nacht ein Geist, der ihm vorwarf, sein Versprechen nicht zu halten.

Das Gespenst war sehr schlau. Es erzählte ihm genau, was zwischen ihm und seiner neuen Geliebten vorgefallen war. Jedes Mal, wenn er seiner Verlobten ein Geschenk machte, beschrieb das Gespenst es im Detail. Es wiederholte sogar Gespräche, und das ärgerte den Mann so sehr, dass er nicht schlafen konnte.

Jemand riet ihm, sich mit seinem Problem an einen Zen-Meister zu wenden, der in der Nähe des Dorfes lebte. Schließlich ging der arme Mann in seiner Verzweiflung zu ihm und bat um Hilfe.

„Deine frühere Frau ist ein Geist geworden und weiß alles, was du tust". Was immer du tust oder sagst, was immer du deiner Geliebten gibst, sie weiß es. Sie muss ein sehr weiser Geist sein. Du solltest einen solchen Geist wirklich bewundern. Wenn sie das nächste Mal erscheint, verhandle mit ihr. Sag ihr, dass sie so viel weiß, dass du nichts vor ihr verbergen kannst, und dass du, wenn sie dir eine letzte Frage beantwortet, versprichst, deine Verlobung zu lösen und für immer ledig zu bleiben.", sagte der Meister.

„Wie lautet die Frage, die ich ihr stellen muss?", fragte der Mann.

Der Meister antwortete: „Nimm eine große Handvoll Sojabohnen und frage sie genau, wie viele Bohnen du in deiner Hand hältst. Wenn sie es dir nicht sagen kann, wirst du wissen, dass sie nur ein Hirngespinst ist und dich nicht mehr beunruhigen wird."

In der nächsten Nacht, als das Gespenst erschien, schmeichelte der Mann ihr und sagte ihr, dass es alles wisse.

„In der Tat", antwortete der Geist, „und ich weiß, dass du heute zu diesem Zen-Meister gegangen bist."

„Und da du so viel weißt", forderte der Mann, „sag mir, wie viele Bohnen ich in dieser Hand halte!"

Der Mann wartete auf die Antwort. Allerdings gab es keinen Geist mehr, der die Frage beantworten konnte. Seit dem Tag an kam der Geist ihn nie wieder besuchen.

*„Sag mir, wie viele Bohnen ich
in dieser Hand halte!"*

58

DAS
einäugige
ARGUMENT

Jeder Wandermönch kann in einem Zen-Tempel bleiben, wenn er mit den dort lebenden Menschen eine Diskussion über den Buddhismus führt und gewinnt. Wenn er besiegt wird, muss er den Tempel verlassen und weiterziehen. In einem Tempel im nördlichen Teil Japans wohnten zwei Mönchsbrüder zusammen. Der jüngere der zwei Brüder hatte nur ein Auge. Der ältere war gelehrt, der jüngere schien dümmer zu sein.

Ein umherziehender Mönch kam und bat um Unterkunft und forderte die beiden zu einer Debatte über die erhabene Lehre heraus. Der ältere Bruder, der an diesem Tag vom vielen Lernen erschöpft war, sagte dem jüngeren, dass er die Debatte führen solle.

„Geh und bitte um den Dialog in Stille", mahnte er.

So gingen der junge Mönch und der Fremde zum Schrein und setzten sich nieder. Kurze Zeit später erhob sich der Reisende, ging zum älteren Bruder und sagte: „Dein kleiner Bruder ist ein wunderbarer Kerl. Er hat mich besiegt."

„Wie hat er dich denn besiegt?", sagte der Ältere.

„Nun, zuerst hielt ich einen Finger hoch, der Buddha, den Erleuchteten, repräsentierte. Daraufhin hielt er zwei Finger hoch, die für Buddha und seine Lehre standen. Ich hielt drei Finger hoch, die für Buddha, seine Lehre und seine Anhänger standen, die ein harmonisches Leben führen. Dann schüttelte er seine geballte Faust in mein Gesicht und zeigte damit an, dass alle drei aus einer einzigen Erkenntnis stammen. So hat er gewonnen, und deshalb habe ich kein Recht, hier zu bleiben."

Mit diesen Worten ging der Reisende fort.

„Wo ist der Reisende?", fragte der Jüngere und lief zu seinem älteren Bruder.

„Ich habe gehört, du hast die Debatte gewonnen."

„Ich habe nichts gewonnen. Ich werde ihn verprügeln."

„Sag mir, was passiert ist", fragte der Ältere.

„Als er mich sah, hob er einen Finger und beleidigte mich, indem er behauptete, ich hätte nur ein Auge. Da er ein Fremder war, dachte ich, ich sollte höflich sein, also hob ich zwei Finger und gratulierte ihm, dass er zwei Augen hat. Daraufhin hielt der unhöfliche Fremde drei Finger hoch und behauptete, dass wir beide nur drei Augen hätten. Da wurde ich wütend und wollte ihm eine reinhauen, aber er rannte weg, und damit war es aus!"

„Was ist aus den neuen Kleidern geworden,

Yamaoka?"

59

DER
Klang der
EINEN HAND

Der Meister des Kennin-Tempels war Mokurai. Er hatte einen kleinen Schützling namens Toyo, der erst zwölf Jahre alt war. Toyo sah, wie die älteren Schüler jeden Morgen und Abend das Zimmer des Meisters besuchten, um Unterricht zu erhalten.

Toyo wollte wie die älteren Schüler unterrichtet werden.

„Warte eine Weile", sagte Mokurai. „Du bist noch zu jung."

Aber Toyo bestand darauf, und so willigte der Lehrer schließlich doch ein.

Am Abend ging der kleine Toyo zur richtigen Zeit an die Schwelle von Mokurais Raum. Er schlug den Gong, um seine Anwesenheit anzukündigen, verbeugte sich dreimal respektvoll vor der Tür und setzte sich dann in respektvoller Stille vor den Meister.

„Du kannst den Klang von zwei Händen hören, wenn sie zusammen klatschen. Nun zeige mir den Klang einer Hand.", forderte Mokurai.

Toyo verbeugte sich und ging in sein Zimmer, um über dieses Problem nachzudenken. Von seinem Fenster aus konnte er die Musik der Geishas hören.

„Ah, ich habe es!", verkündete er.

Als sein Lehrer ihn am nächsten Abend aufforderte, den Klang einer Hand zu illustrieren, begann Toyo, die Musik der Geishas zu spielen.

„Nein, nein", sagte Mokurai. „Das ist vollkommen falsch. Das ist nicht der Klang einer Hand. Du wirst es nie schaffen!."

Um nicht mehr von der Musik abgelenkt zu werden, verlegte er seinen Aufenthaltsort an einen ruhigen Ort. Er meditierte erneut. „Was kann das Geräusch einer Hand sein?" Zufällig hörte er Wasser tropfen. „Ich habe es", dachte Toyo.

Als er das nächste Mal vor seinem Lehrer erschien, ahmte er tropfendes Wasser nach.

„Was ist das?", fragte Mokurai. „Das ist das Geräusch von tropfendem Wasser, aber nicht das

Geräusch von einer Hand. Versuch es noch einmal."

Vergeblich meditierte Toyo, um das Geräusch einer Hand zu hören. Er hörte das Rauschen des Windes. Aber das Geräusch wurde zurückgewiesen.

Er hörte den Schrei einer Eule. Auch dieser wurde abgelehnt.

Mehr als zehn Mal besuchte Toyo Mokurai mit verschiedenen Geräuschen. Alle waren falsch. Fast ein Jahr lang grübelte er darüber nach, was das Geräusch der einen Hand sein könnte.

Schließlich trat Toyo in die wahre Meditation ein und blendete alle Geräusche aus der Umgebung aus.

„Ich konnte nichts mehr hören", erklärte er später, „so fand ich den klanglosen Klang."

Toyo hatte den Klang einer Hand erkannt.

„So fand ich den klanglosen Klang."

60

ALLES
ist am
BESTEN

Als Banzan über einen Markt ging, hörte er ein Gespräch zwischen einem Metzger und seinem Kunden.

„Geben Sie mir das beste Stück Fleisch, das Sie haben", sagte der Kunde. Der Metzger nahm ein Stück Fleisch in die Hand.

„Ist es auch wirklich das beste Stück Fleisch in diesem Laden?", fragte der Kunde.

„Alles in meinem Laden ist das Beste", antwortete der Metzger. „Du kannst hier kein Stück Fleisch finden, das nicht das beste ist."

„Alles in meinem Laden ist das Beste"

61

SELBSTBEHERRSCHU NG

Eines Tages gab es ein Erdbeben, das den gesamten Zen-Tempel erschütterte. Teile des Tempels stürzten sogar ein. Viele der Mönche waren verängstigt. Als das Erdbeben aufhörte, sagte der Lehrer: „Jetzt hattet ihr die Gelegenheit zu sehen, wie sich ein Zen-Mann in einer Krisensituation verhält. Ihr habt vielleicht bemerkt, dass ich nicht in Panik geraten bin. Ich war mir durchaus bewusst, was geschah und was zu tun war. Ich habe euch alle in die Küche geführt, den stärksten Teil des Tempels. Das war eine gute Entscheidung, denn wie ihr seht, haben wir alle ohne Verletzungen überlebt. Trotz meiner Selbstbeherrschung und Gelassenheit fühlte ich mich jedoch ein wenig angespannt - was ihr vielleicht daran erkannt habt, dass ich ein großes Glas Wasser getrunken habe, was ich unter normalen Umständen nie tue."

Einer der Mönche lächelte, sagte aber nichts.

„Worüber lacht ihr?", fragte der Lehrer.

„Das war kein Wasser", antwortete der Mönch, „es war ein großes Glas Sojasauce."

62

Ein
LÄCHELN
im letzten
MOMENT

Mokugen war bekannt dafür, dass er bis zu seinem letzten Tag auf Erden nie lächelte. Als seine Zeit gekommen war zu sterben, sagte er zu seinen Schülern: „Ihr habt mehr als zehn Jahre lang von mir gelernt. Zeigt mir eure wahre Interpretation des Zen. Wer dies am deutlichsten zum Ausdruck bringt, soll mein Nachfolger werden und mein Gewand und meine Schale erhalten."

Alle beobachteten Mokugens strenges Gesicht, aber niemand antwortete.

Encho, ein Schüler, der schon lange bei seinem Lehrer war, trat an das Bett heran. Er schob den Medizinbecher ein paar Zentimeter vor. Dies war seine Antwort auf den Befehl.

Das Gesicht des Lehrers wurde noch ernster. „Ist das alles, was du darunter verstehst?", fragte er.

Encho streckte die Hand aus und schob den Becher wieder zurück.

Ein wunderschönes Lächeln brach über Mokugens Züge. „Du Schlingel", sagte er zu Encho. „Du hast zehn Jahre mit mir gearbeitet. Nimm das Gewand und die Schale. Sie gehören dir."

63

ZEN
im Leben
EINES
Bettlers

Tosui war ein bekannter Zen-Lehrer seiner Zeit. Er hatte in mehreren Tempeln gelebt und in verschiedenen Provinzen gelehrt.

Der letzte Tempel, den er besuchte, hatte so viele Anhänger, dass Tosui ihnen mitteilte, er wolle die Lehrtätigkeit ganz aufgeben. Er riet ihnen, zu gehen, wohin sie wollten. Danach konnte niemand mehr eine Spur von ihm finden.

Drei Jahre später entdeckte einer seiner Schüler, dass er mit einigen Bettlern unter einer Brücke in Kyoto lebte. Er bat Tosui inständig, ihn zu unterrichten.

„Wenn du auch nur für ein paar Tage das tun kannst, was ich tue, werde ich wieder lehren", antwortete Tosui.

Also verkleidete sich der ehemalige Schüler als Bettler und verbrachte den Tag mit Tosui. Am nächsten Tag starb einer der Bettler. Tosui und sein Schüler trugen die Leiche um Mitternacht fort und begruben sie an einem Berghang. Danach kehrten sie in ihren Unterschlupf unter der Brücke zurück.

Tosui schlief den Rest der Nacht tief und fest, aber der Schüler konnte nicht schlafen. Als der Morgen anbrach, sagte Tosui: „Wir müssen heute nicht um Essen betteln. Unser toter Freund hat dort drüben etwas übrig gelassen."

Aber der Jünger konnte keinen einzigen Bissen davon essen.

„Ich habe gesagt, dass du nicht so handeln kannst wie ich", schloss Tosui. „Verschwinde von hier und belästige mich nicht mehr."

64

DER
geizige
KÜNSTLER

Gessen war ein Künstlermönch. Bevor er mit einer Zeichnung oder einem Gemälde begann, bestand er immer auf eine Vorauszahlung, und seine Honorare waren hoch. Er war als der „Geizige Künstler" bekannt.

Eine Geisha gab ihm einmal einen Auftrag für ein Gemälde. „Wie viel können Sie zahlen?", erkundigte sich Gessen.

„Was immer du verlangst", antwortete das Mädchen, „aber ich möchte, dass du das Bild vor mir malst."

An einem bestimmten Tag wurde Gessen also von der Geisha gerufen.

Gessen malte mit feinen Pinselstrichen die Bilder. Als es vollendet war, verlangte er die höchste Summe, die er je verlangt hatte.

Er erhielt seinen Lohn. Dann wandte sich die Geisha ab und sagte: „Alles, was dieser Künstler will, ist Geld. Seine Bilder sind schön, aber sein Geist ist schmutzig; das Geld hat ihn schlammig werden lassen. Von einem so schmutzigen Geist gezeichnet, ist sein Werk nicht ausstellungswürdig."

Sie zog ihren Rock aus und bat Gessen, ein weiteres Bild auf der Rückseite ihres Unterrocks zu malen.

„Wie viel wollen Sie zahlen?", fragte Gessen.

„Oh, was du verlangst", antwortete das Mädchen.

Gessen nannte einen ausgefallenen Preis, malte das Bild in der gewünschten Weise und ging weg.

Später erfuhr man, dass Gessen diese drei Gründe für seinen Wunsch nach Geld hatte:

In seiner Provinz herrschte oft eine verheerende Hungersnot. Die Reichen wollten den Armen nicht helfen, und so hatte Gessen ein geheimes, niemandem bekanntes Lager, das er mit Getreide gefüllt hielt, um für solche Notfälle gerüstet zu sein.

Die Straße von seinem Dorf zum Nationalheiligtum war in sehr schlechtem Zustand, und viele Reisende litten, während sie sie durchquerten. Er wünschte sich, eine bessere Straße zu bauen.

Sein Lehrer war verstorben, ohne seinen Wunsch, einen Tempel zu bauen, zu verwirklichen, und Gessen wollte diesen Tempel für ihn vollenden.

Nachdem Gessen seine drei Wünsche erfüllt hatte, warf er seine Pinsel und Malutensilien weg und zog sich in die Berge zurück, um nie wieder zu malen.

„Wie viel wollen Sie zahlen?"

65

KINDER
Seiner
MAJESTÄT

Yamaoka Tesshu war ein Hauslehrer des Kaisers. Er war auch ein Meister des Fechtens und ein profunder Schüler des Zen.

Er besaß nur ein einziges Kleidungsstück, das bereits abgenutzt war.

Als der Kaiser sah, wie abgenutzt seine Kleider waren, gab er Yamaoka etwas Geld, um neue zu kaufen. Als Yamaoka das nächste Mal erschien, trug er dasselbe alte Gewand.

„Was ist aus den neuen Kleidern geworden, Yamaoka?", fragte der Kaiser.

„Ich habe für die Kinder Eurer Majestät Kleidung gekauft", erklärte Yamaoka.

„Was ist aus den neuen Kleidern geworden,

Yamaoka?"

66

WAS TUST
du!
WAS SAGST
du!

Der Zen-Meister Mu-Nan hatte nur einen Nachfolger. Sein Name war Shoju. Nachdem Shoju sein
Zen-Studium abgeschlossen hatte, rief Mu-Nan ihn
in sein Zimmer.

„Ich werde alt", sagte er, „und soweit ich weiß,
Shoju, bist du der Einzige, der diese Lehre weiter-
führen wird. Hier ist ein Buch. Es ist seit sieben
Generationen von Meister zu Meister weitergegeben worden. Ich habe auch viele Punkte nach meinem Verständnis hinzugefügt. Das Buch ist sehr
wertvoll, und ich gebe es dir, um deine Nachfolge
zu repräsentieren.

„Wenn das Buch so wichtig ist, solltest du es besser behalten", antwortete Shoju. „Ich habe von dir

gelernt, ohne etwas zu verschriftlichen und damit bin ich völlig zufrieden."

„Das weiß ich", sagte Mu-Nan. „Trotzdem wird dieses Werk seit sieben Generationen von Meister zu Meister weitergegeben, also kannst du es als Symbol dafür behalten, dass du von mir gelehrt wurdest. Hier."

In dem Moment, als Shoju das Buch in seinen Händen spürte, stieß er es in die glühenden Kohlen der Feuerstelle vor ihnen. Er hatte nämlich keine Begierde nach Besitztümern.

Mu-Nan, der noch nie wütend gewesen war, schrie auf: „Was tust du da!"

Shoju schrie zurück: „Was sagst du da!"

67

MITTER-
nachts-
EXKURSION

Unter dem Zen-Meister Sengai lernten viele Schüler die Kunst des Meditierens. Einer von ihnen pflegte nachts aufzustehen, über die Tempelmauer zu klettern und in die Stadt zu gehen, um einen Ausflug zu machen.

Als Sengai eines Nachts die Schlafräume inspizierte, stellte er fest, dass dieser Schüler fehlte, und entdeckte auch den hohen Schemel, den er benutzt hatte, um die Mauer zu erklimmen. Sengai entfernte den Schemel und stellte sich an seine Stelle.

Als sein Schüler zurückkehrte, ohne zu wissen, dass Sengai der Hocker war, stellte er seine Füße auf den Kopf des Meisters und sprang hinunter in den Boden. Als er entdeckte, was er getan hatte, war er entsetzt.

Sengai sagte: „Es ist sehr kühl am frühen Morgen. Pass auf, dass du dich nicht erkältest."

Der Schüler ging nie wieder nachts aus dem Haus.

68

DIE LEHRE
des
ULTIMATIVEN

Früher wurden in Japan Laternen aus Bambus und Papier verwendet, in denen Kerzen brannten. Einem blinden Mann, der eines Abends einen Freund besuchte, wurde eine Laterne angeboten, die er mit nach Hause nehmen sollte.

„Ich brauche keine Laterne", sagte er. „Dunkelheit oder Licht ist für mich das Gleiche."

„Ich weiß, dass du keine Laterne brauchst, um deinen Weg zu finden", antwortete sein Freund, „aber wenn du keine hast, könnte jemand anderes dich vielleicht nicht sehen. Du musst sie also mitnehmen."

Der Blinde machte sich also mit der Laterne auf den Weg, und noch bevor er weit gelaufen war, lief ihm jemand direkt in die Arme. „Pass auf, wo du hingehst!", rief er dem Fremden zu. „Kannst du die Laterne nicht sehen?"

„Deine Kerze ist ausgebrannt, Bruder", antwortete der Fremde.

69

KEINE
Bindung
AN ALLES

Kitano Gempo, Abt des Eihei-Tempels, war zweiundneunzig Jahre alt, als er im Jahr 1933 verstarb. Er bemühte sich sein ganzes Leben lang, sich an nichts zu binden. Als er zwanzig Jahre alt war, traf er als wandernder Bettler zufällig einen Reisenden, der Tabak rauchte. Als sie gemeinsam eine Bergstraße hinuntergingen, hielten sie unter einem Baum an, um sich auszuruhen. Der Reisende bot Kitano eine Zigarette an, die er annahm, da er zu diesem Zeitpunkt sehr hungrig war.

„Wie angenehm das Rauchen ist", bemerkte er. Der andere gab ihm eine zusätzliche Pfeife und Tabak und sie trennten sich.

Kitano fühlte: „Solche angenehmen Dinge können die Meditation stören. Bevor das zu weit geht, wer-

de ich jetzt aufhören." Also warf er die Raucherkla-
motten weg.

Als er dreiundzwanzig Jahre alt war, studierte er I-
King, die tiefste Lehre des Universums. Damals war
es Winter, und er brauchte schwere Kleidung. Er
schrieb seinem Lehrer von seiner Not, der hunderte
von Meilen entfernt lebte, und gab den Brief einem
Reisenden, der ihn überbringen sollte.

Es verging fast der ganze Winter, und weder Antwort noch Kleidung kamen an. Also wandte sich
Kitano an die Lehre des I-King, die auch die Kunst
der Weissagung lehrt, um herauszufinden, ob sein
Brief nicht angekommen ist. Er stellte fest, dass
dies der Fall war. In einem späteren Brief seines
Lehrers war tatsächlich von Kleidung keine Rede.

„Wenn ich die Lehre zu gut kann, könnte ich meine Meditation vernachlässigen", dachte Kitano.
Also gab er diese wunderbare Lehre auf und griff
nie wieder auf ihre Kräfte zurück.

Als er achtundzwanzig war, studierte er chinesi-
sche Kalligraphie und Poesie. Er wurde in diesen
Künsten so geschickt, dass sein Lehrer ihn lobte.
Kitano überlegte: „Wenn ich jetzt nicht aufhöre,
werde ich ein Dichter und kein Zen-Lehrer."
Also schrieb er nie wieder ein Gedicht.

70

Der
KAISER
und der
MEISTER

Der Kaiser, der ein gläubiger Buddhist war, lud einen großen Zen-Meister in seinen Palast ein, um ihm Fragen zum Buddhismus zu stellen.

„Was ist die höchste Wahrheit der heiligen buddhistischen Lehre?", fragte der Kaiser.

„Weite Leere ... und keine Spur von Heiligkeit", antwortete der Meister.

„Wenn es keine Heiligkeit gibt", sagte der Kaiser, „wer oder was bist du dann?"

„Ich weiß es nicht", antwortete der Meister.

„Bin ich jetzt ein Schmetterling, der davon träumt,
ein Mensch zu sein?"

71

WAS

ist

EGOISMUS?

Der Premierminister der Tang-Dynastie war ein Nationalheld für seine Erfolge sowohl als Staatsmann als auch als militärischer Führer. Doch trotz seines Ruhmes, seiner Macht und Reichtums betrachtete er sich selbst als bescheidenen und gläubigen Buddhisten. Oft besuchte er besuchte er seinen Lieblings-Zen-Meister, um bei ihm zu lernen, und sie schienen sich sehr gut zu verstehen. Die Tatsache, dass er Premierminister war, hatte offenbar keine Auswirkungen auf ihre Beziehung, die eine zwischen einem verehrten Meister und einem respektvollen Schüler zu sein schien.

Eines Tages, während seines üblichen Besuchs, fragte der Premierminister den Meister: „Euer Hochwürden, was ist Egoismus im Sinne des Buddhismus?" Das Gesicht des Meisters wurde rot, und in einem sehr herablassenden und beleidigenden Tonfall schoss er zurück: „Was für eine dumme Frage ist das denn!?"

Diese unerwartete Antwort schockierte den Premierminister so sehr, dass er mürrisch und wütend wurde. Daraufhin lächelte der Zen-Meister und sagte: „DAS, Eure Exzellenz, ist Egoismus."

72

TRÄUME
ich
GERADE?

Der große taoistische Meister Chuang Tzu träumte einst, er sei ein Schmetterling, der hierhin und dorthin flatterte. In diesem Traum hatte er kein Bewusstsein davon, dass er in Wirklichkeit ein Mensch war. Er war nur ein Schmetterling. Plötzlich wachte er auf und fand sich als Mensch liegend wieder. Aber dann dachte er bei sich:

„War ich vorher ein Mensch, der davon träumte, ein Schmetterling zu sein, oder bin ich jetzt ein Schmetterling, der davon träumt, ein Mensch zu sein?"

„Wer bin ich, ein Schmetterling
oder ein Mensch?"

73

ELEFANT
und
FLOH

Roshi Kapleau erklärte sich bereit, eine Gruppe von Psychoanalytikern über Zen zu lehren. Nachdem er der Gruppe durch den Direktor des analytischen Instituts vorgestellt wurde, setzte sich Roshi still auf ein Kissen, das auf dem Boden lag. Ein Schüler trat ein, verbeugte sich vor dem Meister und setzte sich dann auf ein anderes Kissen einige Meter entfernt, seinem Lehrer gegenüber.

„Was ist Zen?", fragte der Schüler. Roshi holte eine Banane hervor, schälte sie und begann zu essen.

„Ist das alles? Können Sie uns nicht noch etwas zeigen?", fragte der Schüler.

„Komm näher, bitte", erwiderte der Meister. Der Schüler kam näher, und Roshi winkte ihm mit dem restlichen Teil der Banane zu. Der Schüler verneigte sich und

ging.

Ein zweiter Schüler erhob sich und wandte sich an das Publikum. „Habt ihr alle verstanden?"

Als es keine Antwort gab, fügte der Schüler hinzu: „Ihr wart gerade Zeuge einer erstklassigen Demonstration des Zen Gibt es noch Fragen?"

Nach einer langen Stille meldete sich jemand zu Wort. „Roshi, ich bin nicht zufrieden mit Ihrer Demonstration. Sie haben uns etwas gezeigt, von dem ich nicht sicher bin, dass ich es verstehe. Es muss doch möglich sein, uns zu SAGEN, was Zen ist."

„Wenn du auf Worte bestehen musst", antwortete Roshi, „dann ist Zen ein Elefant der mit einem Floh kopuliert."

74

ALLES
vergeht
IRGENDWANN

Ein Schüler ging zu seinem Meditationslehrer und sagte: „Ich kann gerade einfach nicht meditieren! Ich fühle mich so abgelenkt, oder meine Beine schmerzen, oder ich schlafe ständig ein. Es ist einfach furchtbar!"

„Das geht vorbei", sagte der Lehrer sachlich.

Eine Woche später kam der Schüler wieder zu seinem Lehrer. „Meister, Sie hatten Recht. Ich kann super meditieren! Ich fühle mich so bewusst, so friedlich, so lebendig! Es ist einfach wunderbar!"

„Das geht vorbei", antwortete der Lehrer sachlich.

„Das geht vorbei“,

75

NUR
zwei
WORTE

Es gab einmal ein Kloster, das sehr streng war. Es wurde ein Schweigegelübde abgelegt, es war niemandem erlaubt zu sprechen. Es gab allerdings eine Ausnahme von dieser Regel. Alle zehn Jahre durften die Mönche nur zwei Worte sprechen.

Nachdem ein Mönch zehn Jahre im Kloster verbracht hatte, ging er zum Obermönch.

„Es sind zehn Jahre vergangen", sagte der Obermönch.

„Wie lauten die zwei Worte, die du gerne sprechen würdest?"

„Bett... hart...", sagte der Mönch.

„Ich verstehe", antwortete der Hauptmönch.

Zehn Jahre später kehrte der Mönch in das Büro des Obermönchs zurück.

„Es sind schon zehn weitere Jahre vergangen", sagte der Hauptmönch. „Wie lauten die beiden Worte, die du gerne sprechen möchtest?"

„Essen... stinkt...", sagte der Mönch.

„Ich verstehe", antwortete der Hauptmönch.

Weitere zehn Jahre vergingen, und der Mönch traf sich erneut mit dem Obermönch.

Wieder fragte der Obermönch: „Wie lauten deine zwei Worte nach diesen zehn Jahren?"

„Ich... gehe!", sagte der Mönch.

„Nun, ich kann verstehen, warum", antwortete der Obermönch. „Du beschwerst dich immer nur."

76

DIE
harte
TOUR

Der Sohn eines Meisterdiebs bat seinen Vater, ihn in die Geheimnisse des Diebstahls einzuweihen.

Der alte Dieb willigte ein und nahm seinen Sohn in dieser Nacht mit, um in ein großes Haus einzubrechen.

Während die Familie schlief, führte er seinen jungen Lehrling leise in ein Zimmer, in dem sich ein Kleiderschrank befand. Der Vater befahl seinem Sohn, in den Schrank zu gehen und ein paar Kleider herauszusuchen. Als er das tat, schloss der Vater schnell die Tür und riegelte sie ab. Dann ging er wieder nach draußen, klopfte laut an die Haustür, weckte damit die Familie und schlich sich schnell davon, bevor ihn jemand sah. Stunden später kehrte der Sohn nach Hause zurück, zerschlagen und erschöpft.

„Vater", rief er wütend, „warum hast du mich in den Schrank gesperrt? Wenn ich nicht Angst gehabt hätte, erwischt zu werden, wäre ich nie entkommen. Es hat mich all meinen Einfallsreichtum gekostet, hier herauszukommen!"

Der alte Dieb lächelte. „Junge, das war deine erste Lektion in der Kunst des Einbrechens."

77

DIE
wichtigste
LEHRE

Ein berühmter Zen-Meister sagte, seine größte Lehre sei diese: Buddha ist dein eigener Geist. Beeindruckt von der Tiefe dieses Gedankens, beschloss ein Mönch das Kloster zu verlassen und sich in die Wildnis zurückzuziehen, um über diese Einsicht zu meditieren. Dort verbrachte er 20 Jahre als Einsiedler und erforschte die große Lehre.

Eines Tages traf er einen anderen Mönch, der durch den Wald reiste. Schnell erfuhr der Einsiedlermönch, dass auch der Reisende bei demselben Zen-Meister studiert hatte.

„Bitte, sag mir, was du über die größte Lehre des Meisters weißt."

Die Augen des Reisenden leuchteten auf: „Ah, der Meister hat sich sehr klar und deutlich geäußert. Er sagt, seine größte Lehre sei diese: Buddha ist NICHT dein eigener Geist."

Mandelun GmbH

Bücher für jedermann.

Unser Qualitätsversprechen

Wir hoffen dir hat unser Buch gefallen! Wir freuen uns immer über jedes Feedback, das wir bekommen können, um unser Buch zu verbessern!

Wir geben unser bestes, dass jedes einelne Buch die höchste Qualität vorweist. Es kann jedoch nicht ausgeschlossen werden, dass trotzdem mal ein Buch nicht unseren Qualitätsstandards entspricht. In diesem Fall kannst du dich gerne bei uns melden, wir senden dir ein neues Exemplar zu!

Schreib uns einfach eine Email an:

mandelungmbh@gmail.com

Oder scanne den QR-Code:

Printed in Poland
by Amazon Fulfillment
Poland Sp. z o.o., Wrocław

81858982R00112